Des choses qui se dansent

Germain Louvet

Des choses qui se dansent

Fayard

Couverture : Le Petit Atelier
Photographie de couverture : Julien Benhamou

ISBN : 978-2-213-71742-5
Dépôt légal : février 2022

À Pablo.

1

CETTE SOIRÉE NE SERA PAS COMME LES AUTRES

28 décembre 2016. Il est 17 heures, je marche rue de Lyon, en direction de l'Opéra Bastille, avec excitation et fébrilité. Je sors d'une sieste fiévreuse sous l'œil de mon petit ami.

« La prochaine fois qu'on se verra, je serai peut-être danseur étoile. »

Je lui dis cela avant de partir, sans prétention, mais par intuition. Une multitude de signes avant-coureurs me permettent d'y croire. D'abord, je danse avec deux danseurs étoiles, Ludmila Pagliero et Karl Paquette. C'est une distribution assez exceptionnelle qui peut signifier la volonté de la direction de me nommer à mon tour étoile. Ensuite, la maîtresse de ballet qui me fait répéter m'a récemment demandé, l'air de rien, quand ma famille viendrait me voir en représentation. Enfin, je viens d'être promu « premier danseur » par concours au mois de novembre, le grade avant celui de « danseur étoile ».

J'ai déjà dansé plusieurs rôles d'étoiles grâce au précédent directeur, Benjamin Millepied, dans *Casse-Noisette*, *Roméo et Juliette* ou encore *Les Variations Goldberg*. Chaque fois, j'ai prouvé que je pouvais assurer la charge et la responsabilité d'un premier rôle. Aurélie Dupont, la nouvelle directrice de la danse depuis 2016, soigne mes distributions et nous partageons une affinité artistique évidente. Bref, tout s'aligne : il ne me reste plus qu'à bien danser et, surtout, à ne pas trop réfléchir.

Quand j'arrive à l'Opéra, tout le monde me sourit, multiplie les gestes discrets et amicaux, me glisse des mots de soutien et d'encouragement, des éclats de bienveillance dans le regard. Je suis déchiré par la sensation grisante d'accéder à un rêve que j'ai à peine eu le temps d'imaginer et la peur effroyable de ne pas mériter cette réussite, cette reconnaissance, cette affection. J'en tremble.

Je me soumets tant bien que mal au rituel. Je passe dans ma loge retirer mon manteau et mes chaussures, j'enfile un gilet qui ne craint pas d'être taché par du fond de teint. Je commence presque à somnoler sous les coups de pinceau délicats des maquilleurs et des maquilleuses et les mains des coiffeurs et des coiffeuses. J'achète un encas à la cafétéria, puis je m'offre, comme avant chaque représentation, un temps de rêverie dans ma loge, un instant d'errance, d'inconscience et d'inconsistance, jusqu'à traîner parfois sur Instagram.

Ce moment de pause est une floraison, un sursis avant l'effort intense, avant la concentration extrême liée à la performance et la lourde responsabilité qui m'incombe face à ces milliers de regards rivés sur mes pieds, mes mains, ma respiration haletante et les clignements de mes yeux. C'est une dérive consciente où, paralysé, je me laisse transporter par la fenêtre, place de la Bastille, au gré des bruissements sourds de la vie métronomique de l'extérieur que rien ne perturbe ; une dernière promenade avant le rugissement de l'orchestre, le vrombissement de la foule qui s'assoit, se lève et applaudit.

18 h 40. J'enfile mon collant, un tee-shirt. Je me défais de la torpeur ouateuse dans laquelle je me réchauffais comme un nourrisson dans son couffin. Je traverse le couloir froid qui m'emmène en coulisse, remplis ma bouteille d'eau, et me voici dans l'antre sombre de la bête merveilleuse.

D'autres danseurs s'échauffent déjà pour assurer, sur scène, une parfaite maîtrise de leurs gestes. Sourires complices, regards compatissants et clins d'œil malicieux. Je démarre les mêmes exercices exécutés des milliers de fois pour redécouvrir encore mon corps, le réchauffer, l'étirer et me rappeler ses limites tout en le préparant à les repousser. Mon rythme cardiaque s'accélère, augmentant la cadence de ma respiration et provoquant une sudation importante. J'effectue des mouvements – tantôt saccadés, tantôt amples – de mes bras et de mes jambes qui se coordonnent avec harmonie. Je me dépêche *légèrement* sur la fin de ma barre, car, étant toujours *légèrement* en retard, je préfère me presser plutôt que d'attendre.

19 h 15. Les coulisses se sont peu à peu remplies de longs chapeaux d'antan, de couleurs pastel, de mouvements répétitifs et enthousiastes, de lycra et de velours, de strass et de fards, de

murmures amusés, d'une rumeur discrète, mais bien présente : cette soirée ne sera pas comme les autres.

J'aperçois Aurélie, ma directrice, et Clotilde, ma maîtresse de ballet, qui s'approchent, l'une avec retenue et affection, l'autre avec trépignement et émotion. Aurélie reste discrète, mais sa caresse d'encouragement sur mon épaule témoigne d'une certaine fébrilité. Clotilde a davantage de mal à cacher son excitation et sa joie. Je sens en elle s'entremêler le désir que je danse bien et la crainte que quelque chose puisse entraver le bon déroulement de ce ballet. Nous l'avons travaillé ensemble pendant plus de deux mois. Je la rassure sur mon état, tente de dissimuler mon anxiété face à l'épreuve des quatre actes de la pièce. Ils sont semés à la fois d'instants de grâce et d'embûches. Et si tant d'autres les ont dansés avant moi, tant d'autres les danseront après.

Le *Lac des cygnes* de Rudolf Noureev est un ballet sublime, mais glacial pour les solistes. La mise en scène est sobre et minérale, à l'image de la solitude et de la mélancolie que ressentent Odette/Odile (respectivement le cygne blanc et le cygne noir) et le prince Siegfried. La scénographie montre le détachement des personnages vis-à-vis de ce qui les entoure : la cour, les festivités et la sociabilité des événements mondains auxquels ils doivent se plier. Cette distance qui s'installe fait écho à celle qui advient lorsque l'on passe de danseur de corps de ballet à soliste. S'il y a des moments de partage, des sourires échangés et des gestes réciproques, un voile transparent sépare dans cette mise en scène, le corps de ballet et les solistes pour révéler le destin heureux ou malheureux du cygne et du prince, deux êtres solitaires qu'aucune aide extérieure ne pourra jamais sauver.

Quand je pense à cette version du *Lac des cygnes* et à son prince Siegfried, j'ai froid. Cela ne m'empêche pas d'y être très attaché, tant sentimentalement qu'esthétiquement. Je vis ce rôle comme une extension de moi-même et de mon histoire. Il fait partie de mon imaginaire depuis que j'ai vu le ballet en DVD, puis en vrai sur la scène de l'Opéra Bastille. Le personnage de Siegfried représente la quintessence du prince de ballet romantique. Son costume sobre, élégant, aux discrets éclats brillants, en est une parfaite illustration. Je me retrouve dans sa mélancolie fauve, son air lunaire, étourdi ; dans son décalage par rapport à la réalité à laquelle il lui est impossible de se soustraire. Je suis une personne joyeuse, sociable, ce qui ne m'empêche pas de me sentir rassuré en incarnant ces moments d'égarement et de détresse qui ont quelque chose d'infiniment triste. Cela provoque en moi une vraie sensation de sérénité, comme lorsqu'on est seul dans un train : je n'ai alors plus besoin de me déguiser. Au contraire, je me déshabille… J'accepte de rendre visible ce que je tente d'habitude de cacher ou de contrôler. Cette petite fausse note que j'ai au fond de moi, mais que je m'assure toujours de recouvrir par l'accord majeur le plus triomphal. Siegfried me réconcilie avec cette fragilité non assumée et avec mes faiblesses.

J'ai bien sûr peur avant de devenir Siegfried, mais c'est la seule manière pour moi de faire exister ce rôle. Je pense également que cette femme-cygne qu'est Odette/Odile représente non seulement une échappatoire évidente face aux réalités que le prince fuit, mais aussi une alternative aux normes par sa thérianthropie, cette faculté à se transformer en animal. La figure de cette étrange créature qu'ont inventée Tchaïkovski et Petipa m'est familière. Elle me donne une raison de me jeter dans le froid du ballet et dans ses plumes délicates. Je vois à travers elle quelque chose de presque *queer* qui me plaît et me met à l'aise.

19 h 20. Je retire mon tee-shirt trempé de sueur pour ne pas abîmer mon épais maquillage. J'ai juste le temps d'un passage aux toilettes, indispensable avant le premier entracte. Je reviens vers l'habilleuse, qui m'aide à enfiler mon pourpoint gris, bleu, or et argent. Il sera l'expression de ma noblesse. Nous accrochons ensemble, une à une, les agrafes qui évitent au costume de se détacher.

19 h 27. Je me dirige sur scène, la foule est aux aguets pour le lever de rideau. Je m'apprête à être couronné par la reine, ma mère, sous les yeux de mes collègues et de mes amis présents sur le plateau. Je dois auparavant m'asseoir sur le trône doré, dur et glacial, trouver la position la plus élégante sans qu'elle soit nécessairement confortable, fermer les yeux en laissant les premières notes retentir avant de s'amplifier et de rejoindre, avec emphase, le thème principal.

Sur scène, je perds la notion du temps et l'immense rideau de velours noir finit par se refermer sur les lumières bleutées, les tutus nacrés virevoltants et les cordes réchauffées des violons. Fin des actes I et II.

C'est l'entracte.

Je suis fourbu et fébrile, mais satisfait de tourner la page sur cette première partie qui s'est plutôt bien déroulée. J'ai fait des erreurs dont je me serais bien passé, des fautes de débutant provoquées par le stress. Rien de grave. Si les regrets laissent toujours un léger goût d'amertume dans la gorge, il faut les garder derrière soi pour qu'ils ne se traduisent pas en sentiment d'échec et n'entravent jamais notre confiance et notre performance.

Pour l'acte III, je me change en beige et rejoins au plus vite le plateau afin de ne pas perdre le fil de ma concentration. Je revois Clotilde qui me rassure et me félicite, elle m'encourage à continuer sur la même lancée. J'enlace certains de mes camarades, soucieux de savoir si je vais bien, j'échange des blagues avec d'autres, je fais quelques sauts pour me donner l'impression d'être prêt à exécuter la démonstration technique qui m'attend. J'essaie quelques figures pour vérifier que je ne les ai pas perdues en route : « glissade », « jeté battu arabesque fini sur une jambe », « chassé, assemblé derrière », « deux tours en l'air au jarret finis attitude croisée ». Ça devrait le faire.

En coulisse se déroule discrètement une tout autre chorégraphie. Je fais d'abord mine de ne rien remarquer, mais l'activité inhabituelle attire mon attention. On se murmure des choses à l'oreille, sans jamais s'adresser directement à moi. Je suis le centre d'un manège que je me refuse à voir, ce serait trop éprouvant. J'aperçois défiler un nombre croissant de personnes travaillant dans la maison, des artistes ou du personnel de l'administration, toutes habillées sur leur trente-et-un. Il y a même quelques danseurs retraités. Le directeur général, Stéphane Lissner, discute avec le directeur adjoint, Philippe Thiellay, et Aurélie Dupont. Tous semblent guillerets et détendus. À n'en pas douter, il se trame quelque chose.

Rien ne doit me déconcentrer. Je ne peux pas me permettre de me blesser sur scène, de tomber, de rater un pas décisif du ballet.

Rien ne m'empêche alors de tout gâcher.

Rien ne m'empêche non plus de triompher, de me sentir pousser des ailes et autoriser mon travail et ma sensibilité à irradier la scène et atteindre la salle. Je m'accroche à cette idée pour me lancer dans un dernier sprint et décrocher ce qui se dessine pour moi à son issue.

« Tout le monde en place ! L'acte III va commencer, libérez le plateau ! »

On se dit « Merde » et on se *high five* juste avant de s'affronter dans un tournoiement de cape noire, pour entrer dans l'arène brûlante et interpréter notre pas de deux, où, l'espace d'une fulgurance d'amour et d'espoir, je triompherai illusoirement d'avoir trouvé mon chemin, ce qui causera ma perte et celle de ma bien-aimée. Le célèbre pas de deux du cygne noir nous attend.

Je monte d'abord sur l'estrade, en arrière-scène, avec la reine, qui me prend la main. Cette reine est interprétée par Stéphanie, une première danseuse solaire, au caractère affirmé. Elle est mon mentor depuis quelques années et m'a accompagné lors des concours annuels de promotion qui m'ont permis de monter en grade. Elle fait partie de mes « mamans » de substitution. Je suis soulagé de partager ce moment d'intimité avec elle qui me fait me sentir bien, à ma place. De l'autre côté de la scène, « à jardin », les danseurs serrés les uns contre les autres rient, gesticulent et miment des blagues.

Les trompettes sonnent. Nous descendons les marches impérieuses de l'arrière-scène et nous nous présentons à la cour comme au public dans un tour de piste comparable à celui des gladiateurs avant le combat. Le brouillard s'épaissit, la tempête se déchaîne, des éclairs dévoilent le chaos d'une bataille impitoyable et perdue d'avance. Tourbillon de tulle blanc, de fausses plumes, de cuir noir et de lycra beige sur le sol sombre. Karl, le sorcier Rothbart, jubile en savourant sa victoire face à Ludmila, prisonnière de son sort, assistant à ce bras de fer inégal.

À ce moment-là, inversement à ce qui se passe dans cette dernière scène de désespoir, se dissipe dans ma tête une autre brume : celle qui dissimule l'issue d'un duel entre mes incertitudes et mon orgueil, qui s'affrontent lors de cette soirée. Je roule sur moi-même au sol, feignant la souffrance et l'agonie, alors qu'au fond de moi je ressens une forme d'apaisement qui se transforme en extase. Je laisse mon complice Karl faire rouler mon corps avec son pied une dernière fois, avec la délectation d'une action passive et subite, qui, pour une fois, ne résulte pas d'un intense effort physique et de concentration de ma part. Le bonheur de ces trois heures de scène se cristallise pour m'irradier de la satisfaction de l'exploit accompli.

Pour la première fois depuis des semaines de tension et de préparation, j'envisage avec calme la possibilité de ce qui va advenir dans les prochaines minutes. J'entends le bruit mat et sourd du rideau qui se pose sur le sol, concluant là, sur le dernier accord de Tchaïkovski, l'histoire funeste des âmes tourmentées d'Odette et de Siegfried. Je m'allonge sur le dos en fermant les yeux, profite de la chaleur emmagasinée par le lino sous le feu ardent et continu des projecteurs. Une fumée artificielle m'enveloppe et prolonge la sensation bienheureuse de cette « petite mort » que j'accueille avec soulagement.

D'abord lointains, les bruits de pointes se rapprochent, tel un troupeau délicat de corps graciles et fatigués, m'offrant un doux réveil.

« En place pour les saluts ! »

Cette fois, nous y sommes. Mon pouls s'accélère, je rejoins Ludmila dans la coulisse côté cour. Nous nous enlaçons, émus et reconnaissants de nous être soutenus, d'avoir partagé ces magnifiques instants. Ludmila, danseuse étoile depuis plusieurs années, aura été d'une extrême bienveillance et d'une infinie patience à mon égard pour cette prise de rôle périlleuse. Elle aura su la rendre passionnante et unique. Nous nous présentons, main dans la main, dans un élan commun sur le devant de la scène pour recueillir, dans une salve grondante d'applaudissements et de bravos, les vendanges de ces trois heures haletantes. Chaque rôle salue un à un, puis la ligne de solistes tout entière, tandis que, derrière nous, les trente-deux cygnes tiennent leurs ultimes positions avant le relâchement de l'après-spectacle.

Le rideau se ferme une première fois. Les solistes courent à nouveau en coulisses ; je me retrouve avec Ludmila à la tour de contrôle proche des régisseurs du plateau. Aurélie et Clotilde se tiennent derrière moi. Ludmila serre ma main, je perçois dans son regard une excitation différente. Je ne sens plus mes jambes, ma bouche s'assèche, je commence à trembler. Nous nous élançons pour le rappel, avec le même rituel : saluts de chaque soliste, saluts groupés, on avance, on recule, etc. Jusqu'à une deuxième fermeture du rideau.

Les danseurs et danseuses bruissent et murmurent comme si une brise s'était levée, mais je n'entends rien de distinct. Le seul élément tangible que je retiens et qui m'ancre tant bien que mal dans le réel est la pression de la main de Ludmila sur la mienne.

Derrière le rideau s'avancent vers moi, comme au ralenti, Aurélie Dupont et Stéphane Lissner, un micro à la main, sourires radieux aux lèvres. Le voile se relève sur ce binôme inattendu pour le public. Celui-ci suspend son souffle instantanément. Le temps se fige, mon cœur aussi. M. Lissner commence son discours, remercie les différentes équipes techniques et artistiques qui ont œuvré pour offrir en ce mois de décembre de beaux spectacles de fin d'année. Les applaudissements sont brefs et nerveux.

« Mesdames, messieurs, sur proposition d'Aurélie Dupont, directrice de la Danse, je suis très heureux de nommer Germain Louvet danseur étoile. »

J'ai quitté mon corps, mon oreille n'est plus la mienne, mon souffle court non plus, j'assiste à la scène d'en haut, de loin, j'entends les mots se succéder comme le son vague d'un transistor. Je regarde les gens me regarder, je me regarde regarder les gens, l'œil mi-hagard, mi-tremblant. Ce nom qui n'est pas celui d'un autre ni d'une autre vient d'être balancé d'un seul coup, comme une grenade, pour s'associer à celui de « danseur étoile ».

J'avais anticipé, rêvé dix mille fois cet instant ; j'avais pleuré en silence en projettant cette consécration, dessiné toutes les réactions possibles, notamment celles de mes proches. J'avais d'ailleurs assisté par chance à de nombreuses autres nominations d'étoiles, j'en connaissais les codes par cœur. Mais aucune des émotions que j'avais imaginé m'assaillir ne prend la forme prévue. Au contraire, c'est une sorte de saut dans le vide béant qui se découvre sous mes chaussons de danse, vite suivi par la sensation abrasive de plonger dans une mer déchaînée, faite de hurlements, de claquements de mains, d'yeux émus, dans laquelle je me débats seul.

Je me reprends et embrasse d'abord Ludmila. Elle me guide dans ce dédale de sensations déroutantes, c'est un phare dans le brouillard, dans cette étrange expérience qui a duré plusieurs semaines et dont je vis ce soir l'apothéose.

Passé le choc et le tumulte assourdissant émanant de la salle, je me dirige machinalement vers Stéphane Lissner. Je lui fais une bise reconnaissante, il me félicite, puis Aurélie, les yeux embués de larmes, me prend dans ses bras avec la tendresse d'une mère, la bonté d'une marraine et la complicité d'une amie. Loin de cette vie que je commence à peine, je retourne enfin vers le public, allègre et joyeux d'assister par hasard à cet événement : encourager une nouvelle étoile dont il pourra toujours s'enorgueillir d'avoir été présent à l'avènement.

L'émotion commence enfin à me submerger. Je surfe sur cette lame de fond de bonheur provoquée par les 2 700 spectateurs. Je me dresse nu vers le public que j'ai conquis, ou plutôt, pour être exact, qu'il me reste à conquérir. Je pense bien sûr à ma famille dans la salle. Impossible de mesurer l'inextricable foule de sentiments qui les traversent eux aussi, ne serait-ce que leur fierté et leur amour avec lesquels ils m'ont toujours enveloppé. Je pense à Jean-Marie, mon grand-père de quatre-vingt-neuf ans, qui est présent, lui qui a été ouvrier horloger, a eu huit enfants – dont mon père – avec Dany, ma grand-mère, décédée huit ans auparavant. Je pense à elle qui, loin de l'univers de la danse et de l'Opéra, m'a soutenu dans ma voie, me recommandant de toujours garder les pieds sur terre. Avait-elle pressenti qu'on me balancerait un jour dans les étoiles ?

Les danseurs disparaissent jusqu'à être avalés par les coulisses sombres, me laissant seul face au public. Je ne sais presque plus quoi faire pour répondre à sa fougue. Mais je ne suis pas non plus pressé d'en finir, je veux profiter de ce qui s'enregistre profondément en moi, conserver un souvenir fort dont je pourrai toujours me passer le film dans les moindres détails.

Après un instant d'éternité, le rideau se ferme définitivement sur des spectateurs aux mains endolories. De l'autre côté du voilage, une nouvelle clameur remplit la scène d'un coup. Elle émane des danseurs et du staff technique et artistique. Je me laisse ballotter de bras en bras, de bise en bise, puis je finis par apercevoir mes parents s'avancer sur le plateau, les larmes aux yeux, ainsi que mes frères, mon grand-père et enfin mon amoureux, Pablo. C'est en retrouvant les bras de ma mère que je craque vraiment. Je prends conscience à travers ses yeux humides de l'accomplissement des vingt années de danse et de travail, de mon nouveau statut et de ce qu'il signifie.

Je ne peux décrire l'émotion que je ressens en les voyant là, serrés les uns contre les autres. Ils me regardent, et tout mon *self-control* s'effondre pour avoir quatre ans à nouveau, à la sortie de mon premier spectacle dans la salle des fêtes communale de Givry. Je ne ressens plus les forces contraires et troubles qui m'assaillaient. La peur de l'imposture, de ne pas être légitime, s'évanouit dans leurs bras. Je les enlace dans un mélange de sueur, de maquillage, de larmes et de tendresse. Je vois dans les yeux de mon grand-père l'image de ma grand-mère me faire un baiser sonore sur la joue et rire avec sa voix cassée. Nous n'avons rien à nous dire, nous n'avons rien besoin de nous dire.

Je rejoins ma loge, accompagné de l'habilleuse, qui m'attend depuis une bonne heure alors qu'une autre heure de trajet la sépare de sa maison en banlieue. En une poignée de secondes, je me retrouve nu devant le miroir pour entreprendre un démaquillage rapide, face à mon corps épuisé, l'allié qui m'a porté toute la soirée. Je me mets à parler tout seul sous la douche, à voix haute, pour me convaincre que l'eau ne va pas effacer ce qui vient de se passer.

Séché à la hâte, je prends la sortie pour rejoindre ma famille, qui m'attend au restaurant. Mais je n'ai alors pas anticipé la demi-heure de signatures et de *selfies* qui m'attend. Des spectateurs presque plus émus que moi me félicitent, expriment leur joie d'avoir assisté à ma nomination, des spectateurs qui m'avaient vu dans tel autre ballet, qui savaient que je serais un jour danseur étoile. J'ai du mal à accepter autant d'égards de la part de ces inconnus que j'ai touchés. C'est toujours le cas aujourd'hui.

Je traverse enfin la rue pour retrouver mes proches, qui m'applaudissent. Le reste de la salle les imite, cela m'embarrasse un peu. Finalement, on célèbre ça avec simplicité, en se racontant des anecdotes, comme celle où je dansais, à sept ans, pour le quarantième anniversaire de mon père, ou cette fois où Dany était venue me voir dans *Casse-Noisette*, à l'école de danse. Puis nous nous quittons avec des accolades engourdies par la fatigue.

Je rentre avec Pablo dans notre appartement exigu. Je me colle contre lui dans le lit, son corps enserre le mien qui flotte un peu. Impossible de m'endormir : une valse infernale de souvenirs m'entraîne, puis, supplantant le reste, une quiétude magistrale m'enveloppe, pour ne laisser place qu'à la pesanteur de mon corps et le souffle régulier de nos respirations.

Le lendemain, lorsque j'entre dans le studio de danse, tout le monde me sourit, ceux que je n'avais pas vus la veille me félicitent brièvement tout en continuant de s'échauffer avant le cours. Je prends ma place à la barre, je me lance sans conviction dans des exercices d'échauffements. J'ai le corps un peu courbatu et rouillé, mais je dois soigner le mal par le mal pour récupérer avant le spectacle du lendemain.

Le professeur prend la parole pour lancer le premier exercice à la barre, je me mets en position, la musique du piano démarre… Je ne danse pas mieux que la veille, je n'ai pas changé. Je dois soigner les mêmes défauts, profiter des mêmes qualités, accepter celui que j'étais hier et que je suis toujours aujourd'hui, étoile ou pas.

Le titre n'y change rien.

2

VIEILLES PIERRES, JEUNE POUSSE

Je suis Roméo. Roméo sera-t-il Germain ? Ce Roméo-là n'est pas né à Vérone dans une grande famille de l'aristocratie italienne. Il est né à Givry, en Bourgogne. Il a passé son enfance entre les vignes et les chèvres, au rythme des saisons et de la valse douce de la campagne.

J'ai grandi à Russilly, un hameau d'une cinquantaine d'âmes qui dépend de la commune de Givry, laquelle donne son nom au vin que l'on produit ici. Ma mère y a aussi grandi, en face de la maison qui est aujourd'hui la sienne, comme son père avant elle, et la mère de son père avant eux.

On accède à Russilly par une route communale qui serpente sur une colline. Ce hameau forme un cul-de-sac. On ne va nulle part quand on va à

Russilly. C'est une destination finale ou un détour après une erreur de GPS. Quelques vieilles maisons en pierres grises et mousseuses, une modeste chapelle à clocher, un vieux lavoir et un four à pain encore plus ancien forment Russilly. On dirait un village témoin de la vie à la campagne au début du XXe siècle. D'ailleurs, l'eau courante a été installée tard. Petite, ma mère voyait ma grand-mère aller chercher l'eau à la fontaine la plus proche.

Il y avait aussi à cette époque une minuscule épicerie où l'on pouvait acheter des chewing-gums à l'unité, tenue par une dame qui a toujours été vieille et que les gens du coin qualifiaient de « vieille fille ». Elle s'exprimait dans la langue de mon grand-père, c'est-à-dire un patois bourguignon à l'accent très prononcé qui fait rouler les « r » et ajoute des « y » à tout bout de champ. La « Jeanne » avait des yeux rieurs et se fondait dans ce paysage de pierres grises que le temps rabote lentement et semble protéger de l'inéluctable marche du monde à laquelle Russilly a pour l'instant échappé. La Jeanne repose aujourd'hui en paix dans le cimetière, derrière la chapelle, aux quelques tombes centenaires. Ma grand-mère Michèle l'a rejointe récemment, en bonne voisine.

En haut du village se trouve une chèvrerie qui a vu se succéder de nombreuses générations de bergers. Ces chèvres sont les habitantes les plus célèbres du hameau grâce aux délicieux fromages qu'elles nous offrent. Nous leur devons notre étonnant surnom en patois : *guernottés*, qui signifie « crottes de chèvre ». Avant d'être un petit rat, j'étais donc une crotte de chèvre.

Je me surprends parfois à penser aux chèvres de Russilly et aux relents de leur étable lorsque, en plein cœur du palais Garnier, je me prépare à incarner un personnage au paroxysme du romantisme, qui fera, je l'espère, frémir les peaux parfumées, souvent ridées, du parterre de l'Opéra. Pourquoi n'est-ce pas la vieille peau tannée par le travail agricole d'Éliane, la fermière de la chèvrerie, que je ferais frissonner devant *La Dame aux camélias* ? C'est le paradoxe de notre condition d'artiste, notamment dans les arts comme l'opéra lyrique, la musique classique et le ballet : il nous faut puiser et utiliser notre sensibilité profonde, façonnée parfois à des années-lumière des lustres, des ors et des velours, pour émouvoir un public suffisamment privilégié pour assister aux représentations. Certes, il ne s'agit pas de généraliser sur le public, il tend à évoluer, car l'Opéra et les grands théâtres classiques se popularisent, les arts qui les occupent se démocratisent et leurs spectateurs rajeunissent. Mais il existe souvent entre nous un décalage évident qui ne cesse de m'interroger.

Je sens l'herbe humide sous mes orteils. Je vais avoir les pieds sales de la terre qui, à cette heure matinale, est encore chargée de la salive de la nuit mourante, relâchant sa buée en gouttelettes de rosée. Je risque de me faire engueuler si je ramène des saletés sur le parquet ciré... Tant pis, ça ne m'empêchera pas de danser. La baie vitrée du salon est ouverte sur le jardin. La chaîne hi-fi est allumée. J'ai appris à la mettre en marche, mais je suis encore trop petit pour atteindre de mes doigts d'enfant les boutons Power/Eject/Play. Je parviens quand même à insérer un CD dans le lecteur, *The Wall* de Pink Floyd, *Breakfast in America* de Supertramp, ou encore Julien Clerc. Mais, aujourd'hui, ce sera Mozart : *Concertos pour piano n° 21*, *22* et *23*. Je dépends de la bibliothèque, et donc du goût, assez éclectique, de mes parents. Pour l'instant, je ne connais rien à la musique, je sais juste que j'en suis assoiffé ; je m'empresse d'avaler les notes à grandes goulées pour les déverser avec fougue et souplesse à travers les mouvements de mon corps dans une frénésie que seule la mélodie soulage.

J'appuie sur Play et cours rejoindre l'espace infini du jardin, le ciel est ma seule limite. Je suis excité et heureux ! Impossible de me l'expliquer, ça me traverse comme ça, comme une bourrasque chaude. J'ai envie de libérer, de crier cette énergie folle qui galope en moi. Mais aucun son ne sort, car, à la place, c'est mon corps qui se met à se mouvoir.

Ce cri, je le danse.

Je garde les yeux fermés, je n'en ai pas besoin pour voir la mélodie qui se dessine autour de moi, en moi. C'est moi qui la peins, je recrée un nouvel univers à part entière dont je suis la force vive. C'est comme si je me rencontrais durant ces épisodes de transe, que je rencontrais mon passé, mon présent et mon futur. Comme si je pouvais, l'espace d'un instant, dialoguer avec tous les « moi » qui auraient déjà vécu, et ceux que l'avenir fera vivre. Comme si je pouvais apercevoir un peu plus mes vérités et, par extension, les vérités du monde.

Ça pourrait ressembler à ça, le bonheur : une compréhension et une acceptation totales de soi-même et du monde, dans un alignement parfait du corps et de la conscience.

Cet état solaire de béatitude vers lequel la danse me conduit, je continuerai toujours à le chercher. On dit que ceux qui se droguent sont inlassablement à la recherche de la sensation d'extase de leur premier fix. C'est mon cas. Je ne danse pas pour satisfaire mon ego par reconnaissance du public, de mon entourage ou de mes pairs. Je ne danse pas non plus pour rechercher la réussite, la gloire, pour faire partie d'un pseudo-*star-system*, et encore moins pour marquer mon temps ou l'Histoire. C'est ce contre quoi je me bats, ce que je refuse, ce que je dois me rappeler ne pas vouloir… Dans les périodes de doute, où parfois la fatigue et l'usure affadissent la saveur de la danse, je me souviens du bonheur dévorant qu'éprouvait ce jeune Bourguignon en riant et en s'arrachant à la réalité sensible du monde par une simple ondulation du bras.

Je tournoie, je saute, je tombe, je me relève avec des mouvements de tête, je m'approprie la chute et je me nourris de toutes les sensations possibles. J'arrache les brins d'herbe avec mes orteils, que je tords par la même occasion, mais qu'importe, je continue tant qu'il y a de la musique et tant que mon souffle n'est pas coupé.

Il n'y a rien de construit ni de défini dans mes mouvements. Je ne suis que pulsions et émotions. Je suis une source d'énergie brute déjà sensible à son environnement, et donc influencé par lui. Mais j'en suis encore à une forme primaire et endormie. En revanche, je ne dirais pas que je suis pur ou innocent, ce sont des termes dont je me méfie. Je porte déjà quelques marques de mon origine sociale, de mon genre, des habitudes liées à mon éducation, elle-même forgée par la morale, la religion et les mœurs de mon entourage. Qu'importe. Je danse.

Je n'ai bien évidemment pas conscience de cela en dansant sur la pelouse de mon jardin comme un feu follet. C'est très intrigant de voir que je passe aujourd'hui une grande majorité de mon temps de travail à rechercher la forme et l'esthétisme parfaits dans mes mouvements, à intégrer dans les rôles que j'incarne des influences extérieures qui me semblent à propos, par mimétisme ou par construction, alors que je me suis laissé pénétrer, enfant, par ce que la danse a de plus brut et de plus personnel. Par un souffle instinctif naturel qui ne se nourrit d'aucune réflexion, mais d'énergie, d'imagination et, peut-être, d'un peu de musique. Rien ne pouvait m'arrêter dans le tumulte joyeux de cette transe enfantine.

Les cloches de Russilly s'agitent à l'heure des vêpres pour avertir les cinquante âmes alentour que sonne l'heure du souper. Pour mon frère et moi, c'est le signal que le repas est prêt ou que nous sommes attendus pour le préparer. Jusqu'à mes neuf ans, mon grand frère est mon meilleur compagnon de jeu. Lui, mais aussi d'autres innombrables créatures et dragons que je fais naître dans mon esprit faute d'amis dans les proches environs. Ou peut-être faute d'amis tout court… Avec ces chimères, je peux danser comme je veux. Peut-être m'imaginais-je déjà sur scène quinze ans plus tard, dansant les contes fantastiques qui constituent les ballets romantiques tels que nous les donnons encore : cygnes, sylphides, willis, sorciers et sorcières, armées de rats et de chauves-souris ou encore rois et reines de pays proches, lointains ou imaginaires. Les mésanges, les merles et les moineaux accompagnent la dernière occasion de nous défouler avant que le froid et la pénombre n'apparaissent. Les ombres des vignes rouge et or s'étirent et se déforment. Elles se transforment en une armée de soldats et de monstres qui bondissent, gigantesques, sur les vallons sages, portant fièrement leurs étendards aux mille teintes d'automne, galopant sur leurs pattes tortueuses et rugueuses de sarments.

Les joues rosies par l'air râpeux et froid, nous dévalons à grandes enjambées les pentes de notre jeunesse. Nous nous jetons dans une course effrénée sur ces chemins et dans ces prés qui plongent abruptement. Nous risquons un peu plus à chaque foulée la chute fatale qui causerait des égratignures perpétuelles, discrètes cicatrices, témoins de notre folie perdue, tant chérie. Je savoure mes derniers instants dans ces mondes chimériques avant de retrouver, anxieux, les réalités moins fantasques du dîner où je devrai éviter de renverser ma soupe ou d'embêter mon petit frère.

« À table ! » retentit dans toute la maison. Ce glas sonne le terme de ma rêverie. Il me laisse abasourdi, tremblant, le souffle court dans mes petits poumons d'enfant de quatre ans. J'éteins la chaîne hi-fi en me dressant le plus haut possible sur mes demi-pointes pour atteindre les boutons. Je galope jusqu'à la cuisine en glissant sur le parquet et me hisse péniblement sur l'une des chaises de bar en paille de la cuisine.

Ma mère est née à Chalon-sur-Saône, à Saint-Rémy pour être plus précis. Son père travaillait dans les vignes dès l'âge de quatorze ans, avec pour seules armes sa vigueur, sa foi et sa rustre éducation catholique. Il avait été élevé comme l'enfant-roi de sa mère, Louise. À force de labeur acharné, il a réussi à devenir propriétaire d'un domaine viticole prospère de 14 hectares, ce qui a permis à ma mère et à ses sœurs de toujours avoir ce dont elles avaient besoin, sans vivre non plus dans l'opulence. C'était un homme bourru et droit qui détestait s'encombrer du superflu, une catégorie dans laquelle il classait la musique, l'art, la philosophie ou la mode. Il avait participé à la guerre d'Algérie et en était revenu avec certains traumatismes, mais je n'ai jamais exactement su ce qu'il avait traversé là-bas. Un mystère sourd et brumeux planait autour de ce sujet. Je devinais malgré tout son attachement à ce pays et à cette période de sa vie à travers quelques objets de décoration qui agrémentaient le salon : un lézard du désert empaillé, une dague algérienne et quelques livres de photos. On dit qu'il aurait été témoin de terribles embuscades et de choses que seules les guerres peuvent faire connaître. Il était pompier volontaire dans la caserne de Givry, participait à bon nombre d'événements sportifs, caritatifs et religieux du village. Il était très actif à la paroisse autant qu'à la mairie, où il était conseiller municipal. Mon grand-père a toujours été « de droite », c'était un homme aimé et respecté par les habitants de la commune. Il avait le sens du travail, de l'intégrité, et savait rire, boire et s'amuser. En privé, il était plutôt paternaliste, à l'ancienne. Il souhaitait un garçon, il a eu trois filles.

Ma mère a porté toute son enfance la responsabilité de ne pas être un garçon, mais de devoir tout de même ressembler à une fille. Impensable d'avoir l'air d'autre chose quand il était écrit « sexe : F » sur sa carte d'identité émise en 1965. Ce n'était pas un garçon manqué, comme on dit, mais je sens qu'elle n'a jamais osé s'affirmer tout à fait, alors même que ses efforts pour satisfaire les attentes de son père, ou obtenir sa reconnaissance, sont restés vains. Ma mère aime son père, mais elle a nourri une grande colère contre lui, je le sais. Aujourd'hui, elle est en paix avec ses souvenirs. Mon grand-père a eu un AVC il y a dix ans environ, il a survécu, mais a beaucoup changé. C'est désormais un vieil homme sage dans un Ephad. Il dit quelques incohérences de temps à autre et a toujours l'impression qu'il va bientôt rentrer chez lui, que son passage dans cet établissement est provisoire. Pour moi, ce n'est plus le même homme, d'où la confusion entre le présent et le passé quand je parle de lui. On s'interdit toujours de parler des personnes que l'on connaît au passé sous prétexte que ce serait glauque, que ce temps n'est réservé qu'aux défunts. Pourtant, les gens changent au cours d'une vie. Beaucoup. Et évoquer une personne, ce n'est pas raconter la somme de toutes ses actions dans le temps. Chaque souvenir parle d'un temps qui est mort et révolu.

Ma grand-mère maternelle était une femme pleine de vie. Elle avait, à l'instar de mon grand-père, une morale forte et de la droiture. Elle faisait ce qu'elle devait faire, sans se poser de questions, par bon sens. Elle était belle et élégante, prenait toujours soin d'elle. Sa manière de s'habiller était à la fois simple et chic. Moderne en tout cas. Je crois que ma mère l'a toujours beaucoup admirée, elle essayait peut-être de lui ressembler, elle enviait sa grâce naturelle. Pourtant, ma mère s'est toujours sentie gauche, pas élégante ni gracieuse.

Quand j'étais plus jeune, ça m'agaçait lorsqu'elle me disait : « J'aimerais me tenir mieux ou savoir bien danser, mais je sais que je suis nulle. » Ma mère est une belle femme : grande, brune, fine et élancée.

Mon père, quant à lui, a toujours aimé la terre, la nature. Après ses études au lycée agricole, il a travaillé comme arboriculteur, puis a rejoint une grande entreprise dans le milieu du vin. Il aime s'occuper de notre potager, passer du temps à le dessiner, à se promener. Il n'incarne pas du tout la figure paternelle autoritaire, virile, le stéréotype du chef de famille. C'est un homme doux et sensible qui a toujours tenu à ce que je sois libre d'être qui je veux.

Des paysages de mon enfance, je retiens aussi le silence. Ce silence que je chercherai plus tard. Cette mélodie naturelle qui, à la campagne, fait naître une paix insouciante tout en laissant la place aux comédies, drames et tragédies intérieurs, leur donnant un décor, une existence. Je le retrouverai sur scène, sans le savoir. C'est ce silence qui me permet d'arracher tous les masques, toutes les couches de vêtements superficiels pour apparaître nu, tel que je suis. Même si je porte un costume, du maquillage, une coiffure, même si je joue un personnage, nulle part ailleurs que sur scène je ne me sens plus proche de ce galopin qui danse et dévale les sentiers escarpés à en oublier de respirer.

3

Un garçon qui danse

Été 2008, j'ai quinze ans. Assis sur le muret ensablé d'une résidence estivale landaise, à Seignosse, mon amie Tiphaine, mon meilleur ami Lou et moi venons de rencontrer deux autres jeunes. Comme nous, ils s'emmerdent un peu et aiment plutôt ça. L'un s'appelle Alexis, l'autre, je ne sais plus. Je ne sais plus non plus de quoi on parle, on ricane. Je sais juste que les yeux d'Alexis se plissent un peu quand il me regarde. Je perçois quelque chose d'inédit dans sa manière de me considérer. L'effet que ça me fait est tout aussi inconnu. Je sens comme un grésillement intérieur, une interférence dans ma poitrine.

On traîne ensemble dans les pins avec la facilité qu'ont les adolescents à égrener leurs après-midi à ne rien faire. Avec Alexis, on s'envoie des textos en douce. Les autres ne le voient pas, mais on s'est rapprochés subtilement, et au bout d'un moment, nos doigts finissent par s'effleurer. Il ne les retire pas, moi non plus. Regards, sourires, cœur à 110 BPM. Ce n'est pas évident à gérer, j'ai le sentiment de faire quelque chose d'interdit. Je ressens un mélange de honte et de culpabilité que je connais bien. Une culpabilité un peu chrétienne, que je hais : l'impression de succomber à un vil désir, malsain, sale et dégoûtant. Je suis en colère… Est-ce vraiment ce que je suis ? Faut-il (encore) lutter ? Son étreinte ne ferait pourtant de mal à personne. Fait chier.

Nous nous retrouvons dans un coin isolé, un peu glauque, mais c'est à ce moment-là le plus bel endroit du monde. Je n'ai jamais fait ça. Être si proche physiquement d'un garçon que je connais peu, mais qui me semble familier. Il a un nez fin et busqué que je sens buter sur le mien par maladresse. Nous nous caressons. Tout peut arriver. Tout va basculer. Il n'y a personne alentour, je vais vers l'inconnu, j'ai un peu peur, mais c'est surmontable, l'adrénaline aidant, nous nous embrassons.

À cette époque, je passe mon temps avec Lou. Nous entrons en boîte gratuitement parce qu'il met les talons de sa copine. Tout le monde l'appelle « mademoiselle », je trouve ça marrant. Bien que je sois souvent le seul à devoir payer mon entrée en tant que garçon… L'originalité de Lou ne me dérange pas. Son refus catégorique de ressembler à un garçon de son âge fait partie de ce que j'aime en lui. Pourtant, je ne peux me l'appliquer à moi-même. Je suis coincé dans les angoisses relatives à ce que tout m'indique comme étant les critères d'une vie heureuse : rencontrer l'amour avec une personne de sexe opposé, se marier, avoir des enfants. Je commence néanmoins à déconstruire cette idée, brique par brique. Je les retire une à une, j'en replace parfois, en enlève à nouveau. Ce qui fait peur, c'est le néant du champ des possibles, le manque de diversité dans les exemples de modèles conjugaux et familiaux : qu'est-ce que je vais devenir ? Rien autour de moi ne me donne les moyens d'imaginer comment construire sa vie autrement.

Enfant, je fantasmais sur les grands des classes supérieures. Je devais avoir six ans. Pourquoi eux ? Je ne sais pas. Il me semblait alors que ce n'était pas *tout à fait bien*, que cette sensation devait rester de l'ordre de l'intime. Pourtant, je n'avais pas l'impression d'être anormal ou différent. La notion de genre m'était encore étrangère. Elle s'imposera bien plus tard et j'en accepterai certaines règles. Je me sentais souvent fille. Je voulais tout le temps mettre des robes, je me sentais bien dedans. Je prenais également des capes noires que ma mère nous avait achetées, à mes frères et moi, pour nous déguiser en Zorro. J'en mettais une sur ma tête pour me donner l'illusion d'avoir de grands cheveux noirs. Peut-être était-ce déjà là une appétence pour le déguisement ? Ou bien était-ce l'envie de changer de peau qui transpirait à travers cette fièvre à toujours vouloir me parer d'accessoires sortant de l'ordinaire ?

Il y avait aussi ces moments étranges et fracassants face à mon reflet dans le miroir. La violence de me voir avec les cheveux rasés à la tondeuse tous les mois par ma mère, sur la terrasse, avec mes frères, de mon anatomie de petit garçon, mais portant déjà toute sa responsabilité face à la société, de mon comportement, de ce que je devrais aimer, détester, éviter, adopter, imposer, m'imposer. J'abhorrais cette fraction de seconde où la sensation de liberté et de mélodie qui virevoltait en moi se brisait comme un vase sur les dalles devant le garage, devant l'établi de bricolage où je n'irais jamais, devant les vélos de mes frères qui s'entasseraient petit à petit, devant les traces de cambouis qui ne me saliraient pas.

Mes parents m'ont toujours accepté tel que j'étais. Tel que je suis.

À trois ans, ils acceptent que le père Noël m'offre une Barbie et son cheval à la crinière, si propre, à brosser.

À quatre ans, ils acceptent que je fasse de la danse. Ils m'inscrivent à l'école de danse de Givry. D'autres enfants s'exclament, moqueurs : « Germain, on va t'appeler Germaine, la danse, c'est un truc de fille. » Je n'ai pas honte, je ne comprends simplement pas. Je fais de la danse, je suis un garçon, donc les garçons peuvent faire de la danse. Je ne suis pas Socrate, mais ça me paraît logique.

À six ans, ils sont d'accord pour que je porte des bijoux, ces espèces de ras-de-cou en fils de plastique noir entrelacés qui font fureur dans les cours de primaire.

À dix ans, mes parents m'achètent cet accessoire de danse insupportable mais obligatoire pour les garçons : on l'appelle une « gaine » ou une « trousse », mais mes frères préfèrent dire pour m'emmerder qu'il s'agit d'un string. Ça marche à tous les coups. Même ma mère l'appelle comme ça parfois, par inadvertance, ce qui me rend fou à piquer des crises.

À seize ans, je suis un apprenti danseur, je commence à comprendre mon corps, que je n'ai aucun modèle à suivre.

À vingt-deux ans, mes parents rencontrent mon petit ami.

4

Le train quotidien

Je regarde ma mère à travers le double vitrage du TGV, depuis l'étage supérieur de la voiture. Elle paraît minuscule en contrebas. Je ne dois pas lui sembler beaucoup plus grand : je dépasse à peine de la fenêtre du haut de mes douze ans et demi. Le quai se met à s'éloigner comme un tapis roulant qui accélère. Ma mère devient de plus en plus petite, son sourire et son signe de la main rétrécissent jusqu'à disparaître complètement. Sa silhouette est dissoute par les arbres, les plaines et les vaches qui la remplacent peu à peu. Puis ce n'est qu'une succession d'images d'Épinal du paysage bocager, sublimées par leur fugacité. Je m'installe confortablement dans ces sièges dont je connaîtrai les moindres détails au fil des années.

Si je m'enfonce contre le dossier, mes jambes ne touchent pas tout à fait le sol.

Je me penche pour attraper mon cartable sous le siège et sors mon agenda, ma trousse et un classeur. Je tente de me concentrer pour profiter du temps de trajet – une heure et vingt minutes – afin de terminer mes devoirs de la semaine. J'échoue. Je me ressaisis toutes les cinq minutes à la vue de mon reflet de plus en plus net sur la vitre, le regard vague, à force de contempler le jour s'éteindre sur mon visage endormi. Je m'imagine en train de voler au-dessus des longues étendues céréalières qui s'étirent à l'infini, de virevolter sans contrainte ni pesanteur, d'effectuer les plus belles prouesses techniques, acclamé par une foule en liesse invisible dans la pénombre du crépuscule. Je m'imagine adulte, je m'idéalise grand, beau et séduisant, sûr de moi, intelligent et vif, maîtrisant un mouvement parfait. Je ne me reconnais pas, c'est autre que j'invente, mais je l'envie.

« Nous arrivons gare de Lyon, terminus de ce train. »

Merde ! Je n'ai révisé que la première partie de mon cours d'histoire sur le Moyen Âge et le système féodal en Occident. Je vais encore être contraint d'improviser le lendemain lors du contrôle qui m'attend. Ou bien devrai-je demander à mon voisin de classe, Étienne, de me laisser regarder sa copie. Il acceptera après un soupir réprobateur, puis nous en rirons quand il aura 19/20 et moi 17.

Je ramasse mes affaires et vérifie pour la dixième fois que je n'ai rien oublié : mon abonnement de train mensuel, les tickets de RER, mon écharpe, mon manteau, puis enfin ma valise. Elle fait presque ma taille, mais je feins qu'elle ne me coûte aucun effort pour la transporter. Je croise des regards d'adultes étonnés face à ce gamin plein d'assurance qui semble mener sa vie sans accompagnateur ni personne pour l'accueillir à l'arrivée. Je me délecte de leurs sourcils froncés, soucieux ou désapprobateurs. Cette sensation de liberté me grise, j'avoue la mettre en scène parfois.

Mes parents sont inquiets à chaque trajet et stressés à l'idée de me laisser seul dans les méandres des transports en commun de Paris. Cela a été un sujet sensible dès la nouvelle de mon admission à l'école de danse de l'Opéra de Paris. Mon père, pourtant si calme d'habitude, a eu un accès de colère : « Si on ne trouve pas de solution pour qu'il soit accompagné, il n'ira pas, et puis tant pis ! »

Heureusement, nous avons creusé le sujet pour rendre possible ma scolarisation à Nanterre, où se situent les locaux de l'école depuis 1987. J'avais réussi un concours drastique pour entrer en 6e division, je devais être capable de prendre les transports sans aide. Les premiers mois, je serai accompagné par les connaissances que nous avions à Paris, puis je me débrouillerai seul une fois le chemin suffisamment emprunté pour que je le connaisse par cœur. Je retrouvais quelquefois d'autres internes à la gare de Lyon. C'est ici, sur les marches du restaurant *Le Train bleu* où l'on se rejoignait tous les dimanches soir, que mon amitié avec Lou s'est scellée. Il arrivait de Nemours, moi du Creusot. S'il existait des archives des caméras de vidéosurveillance dans la gare et sur les quais du RER, on y verrait deux minuscules freluquets hilares, exécutant de grands battements jusqu'à l'écart en chantant à tue-tête, traînant d'énormes valises usées par les trajets hebdomadaires, se moquant en pouffant de tous ceux qui auraient eu le malheur de les croiser. C'est ainsi que je me suis retrouvé un soir allongé sur le sol de la station Charles-de-Gaulle – Étoile, à simuler une tragédie devant mon ami goguenard : mon portable avait disparu.

Mon téléphone ! Je me retourne dans l'allée du wagon, pris de panique. L'appareil est lové au fond de mon siège comme s'il voulait se fondre dans cette immense machine et parcourir la France avec elle. Je le récupère rapidement et le glisse dans ma poche. Je l'oublie tout le temps, car je ne m'en sers jamais, sauf pour appeler mes parents ou en cas de problème. De toute façon, mon forfait ne comporte qu'une heure d'appel par mois et chaque texto est facturé. Il est donc plus simple de ne pas en envoyer. Sans compter que je mets beaucoup de temps à taper les mots en mode « abc » – le « T9 » n'existe pas encore. Si seulement j'avais pu être conscient à cette époque de la chance que j'avais de n'être pas encore dépendant de ce minable carré de technologie qui me boufferait des milliers d'heures de temps d'écran une dizaine d'années plus tard…

Je me dirige avec automatisme en direction du RER A. Destination : Nanterre-Préfecture. Il n'y a jamais grand monde le dimanche soir, mais je suis toujours prudent avec les voyageurs que je rencontre. On m'a tant fait la leçon sur « les dangers de traîner dans le RER seul le soir ». Je n'ai absolument pas peur, mais je fais en sorte de ne jamais croiser de regards, d'être là sans l'être, comme dans une dimension parallèle.

Ce n'est qu'en sortant des tortueux souterrains du RER et en sentant l'air frais fouetter mes joues encore rondes de chérubin que je commence à trépigner d'excitation à l'idée de retrouver mon éden, mon Poudlard. Je termine au trot les quelques mètres qui me séparent de l'école de danse, je franchis l'accueil en coup de vent, laissant à peine le temps à la personne en charge de recenser les élèves de cocher ma présence, puis je cours dans les couloirs éteints et déserts qui mènent à l'internat.

Le long corridor en ligne courbe qui dessert les chambres bruisse du déballage de valises et des rires de retrouvailles. J'ouvre la porte de ma chambre à la volée, elle est encore vide et plongée dans l'obscurité. Je suis le premier à arriver des trois élèves qui la partagent. J'allume le très laid plafonnier en plastique blanc et bleu. Les chambres sont composées de toilettes, d'une salle de bains en carrelage marron et blanc avec un double lavabo, ainsi qu'une douche que ferme un rideau en matière synthétique désagréable. La grande pièce bénéficie d'un espace commun, puis de trois box en bois délimitant un espace « privé » de quelques mètres carrés avec, à l'intérieur, un lit de 80x180 cm (trop petit pour moi pendant ma dernière année d'internat), un placard pour nos affaires, un bureau pour nos devoirs, à côté d'une fenêtre qui donne, selon l'orientation, soit sur le parc de l'école, soit sur l'esplanade de Nanterre.

Je jette mon manteau sur le lit, ma valise dans le box, puis je repars en trombe pour voir qui est déjà arrivé. Après avoir visité plusieurs chambres encore vides et remarqué un calme anormal dans cette section de l'internat, je monte au 2e étage, celui des filles. Les portes qui mènent aux cages d'escalier et aux sorties d'étages déclenchent une alarme à partir de 20 h 45, j'ai encore le temps, il n'est que 19 h 30.

Il y a plus d'animation ici. Je croise des filles plus jeunes, déjà en pyjama, qui se peignent mutuellement les cheveux en gloussant. Je sais vers quelle chambre me diriger : celle de Marie, Philippine et Estelle. Je ne me suis pas trompé, tout le monde est là ! Je me joins à ce joyeux bordel en sautillant. On s'enlace, on se fait des bises, on se tient par la main. Chacun y va de sa blague, de son anecdote sur le week-end, sur le contrôle du lendemain ou sur les nouveautés de la semaine dans le planning des cours de danse. Un paquet de friandises industrielles se trouve dans un coin, on le vide en moins de deux. C'est une denrée rare ici, car prohibée par le règlement de l'établissement : pour des raisons d'hygiène, la nourriture en provenance de l'extérieur n'est pas autorisée dans l'enceinte de l'internat.

« Et si on jouait à la bouteille ? » s'exclame Adrien, toujours le premier pour ce genre de proposition. Les plus à l'aise répondent par l'affirmative sans hésiter. Les autres échangent des regards embarrassés, mais envieux. La loi du plus fort l'emporte : les plus populaires mènent toujours la danse. Les faibles s'y plient, ou quittent la pièce si cela ne leur plaît pas. Je me sens entre les deux, mais je ne veux pas passer pour un *loser*, donc je vais suivre le mouvement, et advienne que pourra. Les règles sont exposées rapidement, ça s'annonce torride... et gênant ! Le jeu est simple : on donne le défi à relever avant de faire tourner une bouteille sur elle-même dont le bouchon désigne celui ou celle avec qui l'action va se dérouler. Mais la douzaine de jeunes ados que nous sommes est travaillée par les hormones, par le désir de mieux se connaître et d'explorer des terres jusqu'alors inconnues. Ce jeu cynique et sans pitié, ainsi que l'immense placard commun de la chambre capable de nous dissimuler, constituera le laboratoire secret de ces expériences et découvertes étranges : intimité, rapprochements, amitié, inimitié, désir et dégoût s'entremêleront dans ce foutoir et nous laisseront encore plus perplexes face à nos sentiments qu'au jour de notre arrivée. Je ne laisserais cependant ma place pour rien au monde.

Les surveillants nous interrompent toujours à l'heure où les garçons doivent redescendre à leur étage. Des « Encore cinq minutes » fusent de la part des plus insolents, dont je fais partie. Il n'y a rien qui puisse faire plier nos pions autoritaires. Je vais devoir affronter ma valise encore pleine, mes affaires à ranger et mon lit à faire. Je le ferai à la dernière minute, à l'instant où l'on nous ordonnera d'éteindre nos lumières pour dormir.

J'entends quelque chose vibrer dans mon manteau lancé à la hâte tout à l'heure. Zut ! J'ai oublié d'appeler mes parents pour leur dire que j'étais bien arrivé deux heures plus tôt. Ils vont me tuer, énervés d'avoir dû attendre, l'estomac noué, que je les rassure. Ils ont sans doute imaginé les pires scénarios avant de se rappeler que je suis étourdi et que j'avais certainement oublié de les prévenir, comme d'habitude. Ils me reprochent en outre de ne pas assez leur téléphoner dans la semaine. Il faut dire que, la plupart du temps, je ne le fais pas du tout. Ou bien le jeudi seulement, la veille de les revoir, pour leur dire d'un ton pressé que tout va bien, avant de rejoindre les copains et les copines pour entreprendre une nouvelle bêtise.

La vérité, c'est que ma famille ne me manque pas. Ce n'est pas que je ne les aime pas. C'est juste que je suis bien où je suis, avec mes amis, mes professeurs, les surveillants, le réfectoire et mon box d'internat. Je vois la plupart de mes camarades appeler leurs parents des heures entières chaque soir, leur raconter chaque minute de leur journée, leur parler de leur moindre état d'âme, leur donner du « Tu me manques » en sanglotant, ou du « Je t'aime, maman ». Alors que moi, du dimanche soir au vendredi, j'en oublierais presque leur existence. Je saisis bien sûr la dureté de ce sentiment, il me met presque mal à l'aise, me fait culpabiliser. Mais je ne l'explique pas. Je suis certes heureux de rentrer le vendredi chez mes parents et de revoir mes frères, je me sens bien à la maison. Mais je suis également ravi de repartir le dimanche dans ma deuxième maison, dans ma nouvelle famille d'adoption. L'âge de douze ans était pour moi le bon moment de quitter le nid familial, ce qui arrive habituellement pour d'autres à dix-huit, vingt-deux ou vingt-cinq ans.

Ces dernières années, à la maison, je m'entends moins bien avec mon grand frère, Marius. Il s'est construit son propre monde au collège et a du mal à comprendre ce petit frère qui semble tout faire différemment. Quant à Louis, le benjamin de la fratrie, il est encore loin du cycliste professionnel qu'il deviendra, du jeune homme calme et toujours de bonne humeur. Pour l'instant, il ressemble à un enfant sauvage dont la colère et l'entêtement sont les seules expressions. Ma mère est en transition professionnelle après de longues années à s'occuper de nous à plein temps, ce qui la rend nerveuse. Il y a des tensions émotionnelles et conflictuelles que j'aime mieux fuir qu'affronter.

Ici, dans ce quotidien millimétré, j'aime chaque moment de mes nouvelles journées :

6 h 45 : réveil par le surveillant qui entrouvre la porte et nous souffle qu'il est l'heure de se lever.

7 heures-7 h 30 : petit-déjeuner au réfectoire pour les internes, début des conversations endiablées, débat sur la journée à venir, débrief de ce qu'il s'est passé la veille au soir.

7 h 30-8 heures : préparation des affaires de la journée et rattrapage hâtif des devoirs que j'aurais dû faire la veille.

8 heures-12 heures : cours scolaires de 45 minutes chacun, dans la même salle. Les profs alternent, nous laissant seuls quelques minutes, un temps suffisant pour que celui qui suit peine à nous faire retrouver calme et concentration.

12 heures-12 h 30 : déjeuner, brouhaha, frénésie de la fin des cours.

12 h 30-13 h 30 : pause récréative dans le parc, jeux divers – qui s'avèrent être les meilleurs échauffements pour la suite –, puis préparation pour le cours de danse : dans le vestiaire d'abord, sur la moquette commune ensuite, à se forcer le cou-de-pied les uns et les autres, comparer leur souplesse et faire des grands écarts, davantage pour se la péter que pour accomplir un réel exploit sportif. Les filles passent de longs moments à parfaire leur chignon, s'aident les unes et les autres jusqu'à faire reculer leurs racines sur leur front tant elles font du zèle.

13 h 30-18 h 30 : cours de danse classique avec notre professeur principal, que nous voyons tous les jours de l'année, puis cours complémentaires en fonction de notre division (répertoire, folklore, caractère, contemporain, modern jazz, expression musicale, solfège, mime, adage, anatomie, droit du spectacle, notation du mouvement), ou bien répétition du spectacle de l'école de danse. Un goûter est servi à 16 heures.

19 heures : dîner pour les internes, puis quartier libre jusqu'à l'activation de l'alarme inter-étages à 20 h 45, et enfin, coucher à 21 heures pour les 8-10 ans, 21 h 30 pour les 11-13 ans, 22 heures pour les 13-15 ans, 22 h 30 pour les 15-18 ans.

Je ne passe pas une minute seul, je ne me lasse jamais d'être entouré, je cherche perpétuellement cette compagnie. Je vais de groupe en groupe, de jeu en jeu, de rigolade en rigolade. Les liens se tissent, de plus en plus forts, de plus en plus serrés. Les contacts physiques se multiplient, ils sont autant de moyens de s'exprimer et de mieux se connaître pendant que nous nous apprivoisons les uns et les autres.

Nous faisons des histoires de tout, du moindre événement, qu'il provienne d'une remarque de prof, de la naissance d'une nouvelle relation amoureuse à la rupture d'un duo de copines jusque-là inséparables. Un soir, j'embrasse Pauline, qui devient ma petite amie. Le lendemain, elle me largue en m'évitant soigneusement. La semaine suivante, c'est Marie qui accepte de sortir avec moi, mais deux jours plus tard elle préfère sortir avec Lou. Ce dont tout le monde parle ces jours-ci, c'est du nouveau couple star : Florent-Éléonore. Tous deux si beaux et si cool. Sans oublier toutes les histoires qui concernent la danse : Juliette a pleuré, car la professeure a été trop dure, Jérémie a été viré du cours pour avoir répondu avec insolence, François est distribué sur le premier rôle de

Scaramouche, Jennifer, de première division, m'a fait un sourire à la cantine.

Rien n'arrête cette folle farandole, le temps s'étire à l'infini, uniquement interrompu par les pauses bienfaitrices du week-end. La fin de l'année paraît si loin, inatteignable, jusqu'à ce qu'on y soit. Je goûte sans me lasser à cet enivrement. Et au milieu de tout cela, je fais ce que je préfère, et peut-être ce que je fais de mieux, je danse.

5

Les codes

Je ne me trouve pas spécialement viril et j'en suis assez heureux. La virilité est une prison dont j'ai toujours été fier de m'échapper. J'ai vécu seul la découverte de mon corps, de mon identité. Même s'il a été difficile de le reconnaître, je n'ai pas vraiment évolué en fonction des codes dominants. Plus par naïveté de ne pas comprendre quand les autres ne me comprenaient pas, que par rébellion.

En tant que danseur, je dois pourtant respecter les codes du ballet, entre autres très genrés, hérités de l'histoire du ballet depuis Louis XIV. Ces règles se sont fixées dès le XIXe siècle avec les grands ballets romantiques comme *La Sylphide* (1832) ou *Giselle* (1841). Chaque fois, la danseuse porte des pointes, un tutu, des jupes, des robes, et s'exprime avec un langage différent de celui d'un danseur, une manière beaucoup plus gracieuse et fluide de se déployer avec son corps et ses bras. Son personnage est souvent associé à un monde irréel, à des êtres imaginaires et idéalisés. Quant au danseur, on lui demande une certaine puissance. Il a toujours un rôle qui l'ancre dans son époque, dans une réalité sociale. Physiquement, son vocabulaire est plus terrien, proche du sol, et il se voit contraint de « s'occuper » de la danseuse, de l'aider à s'élever sans cesse vers le ciel. Il est en quelque sorte son lien entre la terre et le ciel, entre réalité et imaginaire, entre idéal et fatalité.

Comment ne pas m'interroger à chaque spectacle sur mon rôle et sa représentation ? Quel est ce rôle que j'interprète à vingt-huit ans ? D'où vient-il ? Qu'attend-on de lui ? Pourquoi ? Comment dois-je l'habiter, l'interpréter et le danser devant un public d'aujourd'hui ?

J'ai parfois l'impression d'interpréter des rôles en totale inadéquation avec ce que je suis. Mais ce qui rend puissant et beau l'acte de danser, c'est d'utiliser son corps comme un outil, comme un moyen – voire un amplificateur – d'expression pour s'approprier n'importe quelle histoire, la faire sienne et, finalement, la remodeler avec son mouvement, son regard, sa personnalité. Utiliser la chorégraphie et la structure narrative comme un support pour parler de soi et de notre époque. Ne pas considérer les rôles comme littéraux, mais plutôt archétypaux, pour s'en affranchir et délivrer une lecture moderne de leurs aventures et de leur psychologie.

Un exemple : le rôle de Basilio dans *Don Quichotte*, un voyou joyeux, séducteur, joueur, presque macho, et que ses interprètes ont souvent rendu plutôt viril, puissant, fort. En cherchant dans différentes facettes de mon caractère, dans mon authenticité, j'ai réussi à me sentir à l'aise dans ce personnage et à l'adapter à ma personnalité pourtant peu « virile ». Je me suis amusé, non pas à essayer de correspondre à l'image que nombre de danseurs avant moi avaient véhiculée, brillamment pour certains – contraints pour d'autres –, mais à chercher, parmi les figures qui m'inspiraient, des traits de caractère, des postures et des mimiques que je pouvais adapter à ma situation. Je me suis par exemple inspiré de Gérard Philipe dans *Fanfan la Tulipe*, car sa masculinité me convenait. Il y a d'ailleurs beaucoup de similitudes entre ce rôle et celui de Basilio. Ce sont des personnages de garçons au cœur tendre, fuyant leurs origines, et qui se construisent une personnalité fantasque en se servant de l'humour, de l'esbroufe et de la séduction. Il ne s'agit pas d'imiter Fanfan, mais plutôt de se réapproprier la manière désinvolte et libre qu'emploie Gérard Philipe dans l'interprétation de ce fanfaron audacieux pour l'appliquer à ma propre expérience en tant que Basilio, aux exigences du ballet classique et à la structure narrative de cette version de *Don Quichotte*.

La danse classique est une discipline exigeante vis-à-vis des corps. On y recherche une uniformité et une homogénéité drastiques, ce qui donne des critères sélectifs, du moins sur le papier, car heureusement le talent permet parfois de passer outre.

Pour les garçons : il est préférable d'être assez grand pour remplir l'espace scénique et pouvoir danser avec des danseuses de tout gabarit qui, sur pointes, auront 10 à 15 centimètres de plus. Il faut avoir de « belles proportions », à savoir de longues jambes et de grands bras, des doigts allongés, un buste en V. Il faut être musclé sans pour autant être engoncé dans ses épaules. Il faut avoir de belles lignes de jambe avec des muscles longilignes et un beau cou-de-pied. Avoir les traits du visage harmonieux, correspondant aux images classiques de la beauté, ainsi qu'une chevelure fournie.

Pour les filles : ne pas être trop grande pour ne pas dépasser les autres danseuses. Il faut être fine, présenter une taille soulignée, de longues jambes et de grands bras. Avoir de belles jambes sur lesquelles la musculature n'est pas trop marquée. Un très fort cou-de-pied pour que la ligne de la jambe soit harmonieuse, mais avec la pointe rigide. Ne pas avoir de genoux cagneux, ne pas avoir trop de carrure, ne pas avoir trop de poitrine, ni trop de fesses. Et, encore une fois, un visage avec des traits doux, mais pas trop, pour que les expressions se voient même de loin…

Lors de l'audition pour entrer à l'école de danse de l'Opéra de Paris, je me suis soumis à une batterie de tests et d'expositions de mon corps pour que les responsables de l'établissement puissent décider – ou non – de mon intégration. Nous sommes passés quatre par quatre devant un jury, en maillot de bain, avec un dossard numéroté, et nous nous sommes pliés à des exercices permettant de juger notre souplesse, notre détente de saut, notre manière de nous tenir, de marcher, de sourire.

Les critères ont un peu évolué aujourd'hui, mais le fond de ce qui est recherché physiquement, même s'il n'est pas énoncé distinctement, correspond toujours à cette vision de la beauté.

C'est désastreux, car je suis totalement piégé dans une réalité que je suis obligé d'admettre, des règles auxquelles je me suis plié, une dictature à laquelle je participe en appliquant moi-même ces exigences à mon propre corps et qui m'ont permis d'être sélectionné précisément selon ces critères-là.

Pourtant, lorsque je réfléchis aux gens que je trouve beaux, quand je me plonge avec sincérité dans mes sentiments et tente de me détacher des diktats de la beauté, il en résulte une diversité bien plus grande et complexe. Cette diversité d'appréciation est autant fondée sur ce qu'on juge être des défauts que sur ce qu'on juge être des qualités. On s'appuie inconsciemment sur les souvenirs enfouis, qui vont se révéler à l'observation de tel geste, de telle expression ou d'un trait de caractère en particulier.

Il en est de même pour la beauté d'un danseur ou d'une danseuse. La beauté d'un mouvement ou d'une danse ne dépend pas de son exécution technique ni de la finesse de celle ou de celui qui le génère. Elle dépend de son intention, de ce qui le motive et de sa réflexion, de son travail et de sa sensibilité, plus que du résultat final que d'autres jugeront de façon binaire comme réussi ou raté. Dans un monde idéal et en tant que spectateur, j'aimerais voir toutes les formes de corps représentées sur scène, et que chacun de ces corps se sente à sa place, légitime d'exister et de bouger dans son authenticité. Que les corps reflètent la pluralité des personnalités, qu'ils reflètent celles et ceux qui les regardent.

Heureusement, il existe des exceptions. Nombre de danseurs et de danseuses magnifiques ne correspondent pas à cette définition théorique d'un corps « beau » et adapté à la danse classique. Ce sont d'ailleurs des danseuses et des danseurs qui font de leur différence, de leur singularité, une force. Ils ont en revanche été contraints de travailler beaucoup plus, afin d'utiliser à bon escient chaque particularité de leur corps, qui pourrait faire obstacle à la beauté académique et institutionnelle. Même si je rentre dans le bon moule, je m'inspire beaucoup de ces personnalités qui savent s'affranchir des diktats pour imposer leur propre style et leur personnalité. De nombreux chorégraphes contemporains se sont d'ailleurs totalement défaits de ces codes esthétiques, comme Maguy Marin, Jérôme Bel ou encore Lia Rodrigues.

Je vis cet étrange paradoxe : me construire des complexes qui m'infligent des frustrations tout en cherchant à m'affirmer tel que je suis, avec mes défauts. J'ai parfois l'impression que je suis esclave de ce qui fait de moi un bon danseur, ou du moins de ce qui m'a permis de gravir les échelons de la hiérarchie. J'en fais un sujet de fierté et de réussite, voire une image de marque. Pourtant, mes aspirations et mes idéaux résident ailleurs, dépendant moins des apparences que de mon intégrité. Et lorsque j'essaie de sortir de ces carcans, de cette structure extérieure savamment travaillée, polie et aiguisée, j'ai peur de balbutier, d'être inaudible.

Être danseur, c'est passer beaucoup de temps devant le miroir. Je vis avec mon reflet depuis plus de vingt ans. Des heures devant la glace, depuis mon plus jeune âge, pour m'aider à corriger mes défauts. Face à mon image, j'oscille entre des moments où je m'accepte comme je suis, où je me trouve beau, et d'autres où je ne me trouve « pas comme il faut ». Je peux, en coup d'œil, trouver que ma ligne de jambe est belle, les muscles à leur place, le genou humblement rentré, le quadriceps fier, aiguisé en trois parties distinctes – droit antérieur, vaste interne et vaste externe –, mais considérer que la ligne « imaginaire » que je souhaite atteindre n'est pas tout à fait droite, la rotation de ma hanche pas suffisamment « en dehors », les côtes légèrement sorties, créant visuellement un renflement disgracieux. Il existe alors un décalage entre mon mouvement et l'image que j'en ai. J'ai l'impression que mon ventre est relâché, les épaules crispées par l'effort, donc un peu levées, raccourcissant ainsi la ligne du cou, les bras trop hauts, le coude cassé vers le bas, le menton lui aussi trop bas et en avant, brisant la posture noble que je suis censé toujours arborer, sans oublier mes cheveux sur mon front, qui forment une sorte de frange et font ressortir mon grand nez. Mais impossible de lâcher ma position pour me recoiffer en plein effort, au risque de ruiner l'exercice.

Cette exigence permanente est parfois difficile à supporter. Je me souviens d'un cours de philosophie en terminale, un matin de juin, dans une ambiance délétère et molle, peu encline au travail.

Notre professeure – que nous adorions, car elle passait plus de temps à nous apprendre à réfléchir par nous-mêmes et, de ce fait, à questionner la société, qu'à nous apprendre la philo telle qu'on s'y attendait à cet âge – était de mauvaise humeur. Cinq minutes après s'être assise face à nous, elle explosa de colère.

Une litanie d'une demi-heure s'ensuivit pendant laquelle notre procès fut fait à propos de notre aliénation aux téléphones portables, qui prenaient déjà beaucoup plus de place que nécessaire (ça ne fera qu'empirer). Elle nous assura que, en continuant à être dépendants, nous nous aveuglions de bêtise et devenions de mous petits soldats, acceptant avec reddition la condition servile qui était la nôtre, sans regarder plus loin que l'écran tenu au bout des doigts, ni plus loin que les murs blancs de l'école de danse de Nanterre. Tout ce qui nous intéressait, c'était obéir, sans réfléchir, nous divertir de la soupe mise à notre disposition dans les journaux gratuits comme *20 minutes* ou sur Facebook, ne cultiver ni culture divergente, ni esprit critique, ni amour du débat. Nous allions devenir de jolis petits danseurs et petites danseuses automates dans leur bulle, aux personnalités annihilées et lisses, satisfaits d'eux-mêmes, manipulés tant par les médias et les politiques que par nos supérieurs hiérarchiques.

Elle voulait ainsi remettre en question notre attitude obéissante et la désuétude du comportement imposé par notre école, mais aussi l'abêtissement et la désinformation dictés par la société de consommation. Nous étions des moutons que la société allait scrupuleusement ranger sur des étagères, alignés comme une série de petits santons identiques qui prennent la poussière. Nous ne résolvions jamais les problèmes qu'il nous arrivait de soumettre à la réflexion en cours, que ce soient des questions sociales ou internes à l'établissement – discipline, emploi du temps, confrontation entre notre scolarité et la danse. Les uns étant souvent le reflet des autres. Nous finissions, selon elle, par être les acteurs de notre propre soumission, qui ne seraient que de piètres artistes alors même que nous avions la chance de nous produire sur scène pour nous exprimer et nous imposer par notre art pour donner libre cours à notre parole. La gifle.

La stupeur avec laquelle nous reçûmes son flot de paroles acerbes, mais fondées, rendit l'atmosphère solide et glaciale, cassante comme du verre. Les mâchoires se crispèrent, les yeux s'embuèrent, les respirations s'accélèrent. Après un silence de western, je lâchai, dans un souffle, la gorge nouée : « C'est dégueulasse. »

À quel moment avions-nous le droit d'être un peu normaux, un peu banals, voire médiocres, si ce n'était ce matin-là, en cours de philosophie ? Tous les après-midi, il nous fallait mettre nos émotions, nos hormones et nos pulsions de côté afin de parfaire le geste beau. Il fallait entrer « dans le moule », en préservant notre authenticité, notre fougue et notre singularité, pour être prêts à les faire rejaillir le moment venu.

Nos modèles de danseurs et de danseuses avaient pourtant su s'imposer par leur particularité, leur folie, leur talent insolent et leur arrogance. Je pense à Nijinski, Isadora Duncan, Merce Cunningham, Margot Fonteyn, Rudolf Noureev, Mikhail Baryschnikov, Pina Bausch, Mickaël Denard, Ghislaine Thesmar, Sylvie Guillem, Nicolas Le Riche, Marie-Agnès Gillot et tant d'autres… Aucun ne rentrait « dans le moule ». Mais ici, à l'école de danse, le premier qui en dépassait était éliminé. Cette schizophrénie rendait aigre. Et cette pression constante se cherche des points de fuite pour nous faire oublier par instants qu'on doit être à la fois génie et ouvrier.

Alors oui, c'était dégueulasse de la part de notre professeure de nous critiquer ainsi. C'était d'autant plus dégueulasse qu'elle avait raison, on le savait tous. Pire, nous éprouvions même du plaisir à nous retrouver dans cette médiocrité crasse du matin, où il est plus facile de se réfugier dans la bêtise et la paresse intellectuelle, comme auprès d'un feu de camp.

La colère dans mes propos l'avait désarçonnée. Elle prit conscience avec frayeur qu'elle venait d'activer une bombe, que l'ensemble de la classe était sur le point d'entrer en décompensation. Ça n'a pas loupé. Après ma première salve piquante, d'autres se livrèrent sur des sujets plus personnels, les barrières tombèrent, les larmes coulèrent, des paroles brutes, hachées, se déversèrent comme un torrent de boue faisant céder tous les barrages :

« Vous ne vous rendez pas compte des sacrifices qu'on a accepté d'endurer pour en arriver là. »

« Je n'ai pas vu grandir mon petit frère. »

« Je n'ai pas été auprès de ma mère pendant sa dépression. »

« Toute ma famille a déménagé pour me suivre dans ma passion. »

« Je n'assume pas la pression, je n'ai pas le droit d'échouer. »

Dans la classe, il y avait un garçon aux yeux sombres et au regard lourd, parfois assez susceptible, au geste à la fois rude, pesé et réfléchi. Il mettait des chaussures plus grandes que sa pointure et aggravait le son de sa voix. Il faisait tout pour avoir l'air d'un homme fort et viril, ce qui est assez ironique lorsque l'on passe ses après-midi le cul moulé dans des collants. Il était plutôt farouche, voire insolent et rétif à l'autorité. Il était quand même sympa et rigolard, il faisait même partie de mes amis, mais je ne voulais pas entrer en conflit avec lui, car je sentais une certaine violence sous ses gestes contrits.

Il était rouge, figé. Je lisais dans ses yeux qu'il avait mal. Il se mit à parler avec difficulté. Il pleurait. C'était dur de voir ses larmes, car, pour moi, pour nous tous, c'était un caïd qui ne pleurait jamais. Il avait parfois des airs de nounours, mais il ne laissait jamais paraître ses faiblesses. Ce jour-là, d'un coup, il lâcha qu'il ne supportait plus la pression que lui mettait son père pour réussir, être un exemple, être le meilleur, se comporter en homme, etc. Ce qui se passait sous mes yeux me renversa. La prof de philo, bouleversée, ne pouvait plus cacher ses émotions, ne sachant plus que dire. Il n'était pas gay, cela n'avait rien à voir, mais il était obligé de se comporter d'une certaine manière, voire de compenser l'image qu'un adolescent danseur véhicule dans la société. Il y était contraint, car il aimait son père et pensait que c'était la seule manière de se faire aimer en retour.

C'était la première fois que je me rendais compte des conséquences des forces extérieures – affectives, professionnelles, sociales ou sociétales – sur ce que nous étions, mentalement et physiquement, jusqu'à modifier notre nature la plus profonde, notre voix, nos gestes, notre personnalité sociale. Ce garçon est aujourd'hui une personne beaucoup plus spontanée et joyeuse qu'à l'époque. Il est beau et épanoui, même si son père ne semble pas s'intéresser davantage à sa passion, qu'il exerce dans une compagnie contemporaine au Canada.

Depuis que j'ai compris cela, je cherche à comprendre quelles forces ont potentiellement influencé ma manière d'être, de me projeter, d'idéaliser ou de juger. Je me suis promis de combattre ces pressions qui me font du mal ou qui font du mal aux autres, par ricochet. Hélas, je ne sais toujours pas si j'y parviens, mais cette posture me permet de prendre du recul sur ce qui m'arrive, dans la vie, sur scène, en studio, et d'entendre résonner encore aujourd'hui les exaspérations de ma prof de philo, les sanglots de mon camarade de classe, pour laisser se découvrir certaines incohérences profondes et les empêcher d'écraser la marginalité qui nous définit, nous rend humains et aimants.

6

Intransigeance

Mars 2021, Opéra Garnier. Le cœur battant, je franchis la porte du studio Noureev avec appréhension, arborant malgré tout un excès de confiance. Je pose mes affaires sur les marches de l'escalier, déchausse mes baskets et enfile mes chaussons noirs. J'ai choisi une tenue dans laquelle je suis à l'aise, qui met en valeur mon torse, mes épaules et mes bras affûtés : un tee-shirt sombre sportswear moulant dont les manches serrées s'arrêtent juste au-dessus des biceps et, en bas, mon jogging lilas, assez lâche, qui me donne l'impression d'affirmer ma personnalité par sa couleur peu commune.

L'ambiance est tendue. Nous sommes neuf danseurs. Nous nous sourions nerveusement, tout en maintenant une sorte de solidarité. Mais la concurrence qui nous oppose contre notre gré nous rend anxieux. Le plus jeune doit avoir vingt-trois ans, le plus vieux trente-sept. Nous sommes cinq danseurs étoiles, deux premiers danseurs, un sujet, un coryphée. Dans le studio, il n'y a qu'une personne présente, assise sur une chaise contre le miroir. Un homme de 1 m 65 tout au plus nous toise d'un regard perçant, un brin malicieux, avec une intensité presque lubrique. Il nous soupèse et nous déshabille avec ses yeux pour nous laisser entrer tout nu, avant de passer au candidat suivant une fois l'examen terminé.

Il salue certains d'entre nous, notamment celui qu'il a connu enfant lorsqu'il dansait avec son père, ou cet autre qui l'a côtoyé dans tel ou tel événement. Sûr de lui, il jette quelques clins d'œil, jouissant de sa position avantageuse par rapport à nous.

Nous entrons en file indienne, comme des gosses timides, avec gêne, puis chacun pose son sac le long du mur. Nous sortons nos affaires : un rouleau en bois pour la voûte plantaire, des élastiques d'échauffement, une gourde (nous avons tous remplacé les bouteilles en plastique par des gourdes durables, Gulf Stream en péril oblige), quelques graines pour celui qui n'a pas eu le temps de manger, un fond de café dans un gobelet en carton pour le traînard, comme moi, récupéré à la hâte à la cafétéria. Notre homme ne dit pas un mot. Il n'y a pas de chef de chant, l'accompagnateur musical traditionnellement présent en répétition ou en audition, aucun membre de la direction n'est là. Nous sommes vraiment seuls avec lui.

Un silence s'installe alors que la double porte grise et jaune se referme sur le studio de danse. Nous allons y rester deux heures, le temps de nous échiner à lui plaire, à essayer de nous démarquer les uns des autres. Plus rien d'autre ne compte que le rôle à décrocher. Néanmoins, nous faisons tous preuve de bienveillance et de respect, nous nous connaissons depuis si longtemps.

Cette comédie étrange nous met pourtant mal à l'aise, elle nous pousse dans nos contradictions et nos retranchements les plus intimes. Des sentiments refoulés de l'époque où nous étions des élèves ambitieux refont surface, de cette époque où aucune hiérarchie ne nous protégeait, ne nous soumettait ni ne nous exposait.

L'examinateur se lève enfin, ménageant son effet, et nous expose le rôle et la pièce : *Le Jeune Homme et la Mort*. Celle-ci a été créée en 1946 par Roland Petit sans musique, la magistrale *Passacaille* de Bach a été ajoutée au dernier moment, la veille de la première, tel un nappage accessoire avant le service du dessert. Cela explique l'absence de chef de chant.

Plus le répétiteur parle, moins je reconnais la pièce que j'ai vue tant de fois, en vrai, en photo, en vidéo, ni même ce que j'ai lu à son propos, notamment les écrits de Jean Cocteau. L'homme s'extasie en des insinuations sexuelles grossières, sexistes, machistes mais surtout caricaturales, qui viennent éclabousser de son purin verbal le fantasme et l'image que je me faisais de ce personnage si mélancolique et si complexe. Notre seul juge se permet au passage quelques blagues dégueulasses qui me dégoûtent. Je sens ma défaite à cette audition. Je m'en accommode, j'irai au bout, effleurer du bout des doigts ce jeune homme auquel j'aurais pu ressembler. Qui aurait pu me ressembler.

Nous commençons à apprendre la chorégraphie dans une mise en scène subtile où nous rencontrons nombre d'accessoires et d'éléments de décor qui seront autant de défis.

« Tu fais un rond dans l'air avec tes doigts en tenant ta cigarette, comme si tu dessinais sa chatte avec la fumée, puis tu rentres dedans. Tu vois l'image ? Hein, François ? »

« Tu te couches doucement sur la table comme si c'était cette salope qui n'est pas venue. Tu te frottes. Tu la touches avec les mains et avec ton visage. »

« La chaise que tu enlaces, tu l'empoignes comme si c'étaient ses seins que tu prenais. Puis tu la jettes par terre violemment, de dépit. »

Ce qui pose problème, en plus de la crudité, de la trivialité et de la violence des mots employés et des images qu'ils véhiculent, c'est la posture volontairement provocatrice qu'il tient face à nous. Il y a même une certaine forme de jouissance dans ce rapport sordide qui s'établit. On lit dans ses yeux l'attente de notre réaction, de notre soumission obligée à son verbiage débridé et à son humour de merde. Il nous teste, souhaite voir si ce jeu nous intimide, si ça nous titille. Ça l'excite, je le sens.

Nous passons, chacun notre tour, dans un silence de plomb imposé comme un lest embarrassant. Il prend soin d'appeler en premier ceux qu'il aime bien, dont il connaît les noms, se désintéressant au fur et à mesure de ce qui se passe devant lui. Le temps par candidat s'amenuise à mesure que sa patience se consume.

Arrive alors l'instant extatique dans la pièce où la porte de la chambre du jeune homme s'ouvre enfin, où il saisit le dernier espoir de voir sa solitude et sa malheureuse errance prendre fin. La Mort apparaît, incarnée par une femme aussi fatale que sensuelle, ce genre de femme que Roland Petit aimait tant mettre en scène, et dont sa femme, Zizi Jeanmaire, s'est amusée à incarner durant toute sa carrière.

Le pas de deux qui suit est une succession de gestes et d'intentions de séduction, tantôt érotiques, tantôt timides, tantôt violents. Les corps se frottent, s'effleurent, se caressent et se rejettent. Les visages se font face et se frôlent, les mains se lient, s'agrippent et se repoussent, les lèvres se cherchent, se trouvent presque, avant de se tordre en rictus sarcastique.

Mais, pendant cette audition, la Mort n'est pas encore parmi nous. Il nous faudra l'imaginer, jouer avec son fantôme, car nous sommes toujours tous les neuf, seuls, avec le chorégraphe. Celui-ci nous apprend le pas de deux comme il peut, prend untel, dans l'oreille duquel il glisse çà et là des blagues salaces et des clins d'œil lubriques. Puis il se met à jouer la Mort avec chacun d'entre nous, avec ce que cela implique de frottements des corps, d'intimité et de sensations charnelles. Il plonge ses yeux dans les nôtres, se joue de nous comme la Mort se joue du jeune homme, nous provoque, guette notre réaction, jauge notre maladresse, s'abreuve de notre malaise ou de la complaisance de certains, profite un peu plus à chaque mouvement de ce corps-à-corps malsain qui n'a pas lieu d'être.

Le deuxième jour, au bout de deux heures, après m'avoir pourtant demandé de lui rappeler mon nom à chaque passage, le répétiteur me désigne par « toi », ne prenant même plus la peine de faire semblant de savoir qui je suis. Il empêche un danseur de se produire en faisant mine de ne pas le voir. Avec un brin d'insolence, j'ose lui signaler qu'il reste un candidat, sachant déjà que je n'ai plus rien à perdre.

Cette audition est sans aucun doute l'expérience la plus désagréable que j'ai pu vivre dans un studio de danse. Nous traversons de nombreuses épreuves à ce niveau-là, le milieu n'est pas tendre : concurrence, frustration, acharnement, dévotion, blessures, jalousie, déception… ce cocktail peut rendre amers ceux qui ne guérissent jamais de toutes ces plaies et se consolent en les infligeant à d'autres. Le grade d'étoile protège un peu de ces maux. Le respect qui l'entoure est ancré dans notre institution et notre éducation. Mais les danseurs et danseuses du corps de ballet doivent se construire avec l'habitude de ces petites batailles que l'on ne gagne jamais vraiment et qui nous affectent toujours. Feindre l'indifférence ne sert à rien.

Dans ce système cruel des auditions, je suis désormais convaincu que l'échange qui le constitue prévaut sur l'expérience individuelle et la satisfaction personnelle d'incarner sur scène un rôle convoité. Je peux accepter que la relation soit conflictuelle, que la communication soit difficile, que des propos me blessent et même m'humilient, si je sens que nous allons quelque part et que le résultat sera à la hauteur de mes souffrances.

*

Quelques années plus tôt, bien avant d'être étoile, je me trouve avec Léonore Baulac dans le même studio. Quatre ou cinq autres danseurs, étoiles et plus expérimentés, sont également présents. Assises sur un banc de bois contre le miroir s'alignent Clotilde Vayer, la maîtresse de ballet chargée de nous préparer, Léo et moi, Patricia Ruanne, une ex-danseuse anglaise et proche de Rudolf Noureev, avec qui elle a notamment créé le rôle de Juliette dans son *Roméo et Juliette*, et responsable des droits de ce ballet, ainsi que Florence Clerc, danseuse étoile de Noureev, également répétitrice, qui s'occupe d'un autre couple d'amants de Vérone.

Il est 13 h 35 quand Patti – surnom de Patricia – se décide à nous faire travailler. Léo et moi, jeunes sujets autorisés depuis peu à se mesurer aux grands rôles du répertoire, avons appris dans les moindres détails la chorégraphie périlleuse de ces trois actes. Nous nous sommes appuyés sur une vidéo YouTube de Monique Loudières et Manuel Legris, faute de vidéo officielle communiquée par l'Opéra. Nous avons pris l'habitude de nous mettre à l'arrière lorsque nous partageons une répétition avec des étoiles, tout en gardant nos sens en alerte maximale pour ne perdre aucune miette des indications prodiguées par Patti. Seulement, il manque quelques danseurs lors de cette répétition pour former le binôme de Roméo et Juliette. Les autres danseurs présents s'assoient au fond pour assister à – nous l'ignorons encore à cet instant – un pugilat sans précédent. En tant que seul couple « entier », nous sommes jetés avec Léonore dans l'arène, pris en tenaille entre nos maîtresses de ballet et nos modèles.

Nous savons, de réputation, à qui nous avons affaire. Nous relevons le défi avec assurance, mais docilité. Nous commençons par la sacro-scène du balcon, la plus dure et la plus magistrale. L'excitation et l'envie de bien faire nous emplissent de zèle et de bonne volonté. Nous essayons de devancer les pièges et les embûches, tant musicaux que techniques. Mais, dès la première note de musique :

« Stop ! »

Patti nous interrompt déjà, d'un air excédé. Nous n'avions fait que les premiers pas.

« Pourquoi il fait ça ? Ce n'est pas ce que j'ai montré », dit-elle sans un regard vers nous.

Reset. Je recommence : une grande inspiration, poser sur 1, poser sur 2, piqué arabesque sur 3…

« Stop !!! Il ne comprend pas ce que je dis ? »

Puis se tournant enfin vers moi :

« Tu trouves que je parle mal français ? »

Que répondre ? Ne surtout pas répondre !

« Je suis désolé, je vais reprendre », finis-je par rétorquer, fébrile.

Je sens déjà le rouge me monter aux joues, un mélange d'insolence, de panique et de fièvre prendre possession de moi. Les minutes s'écoulent, lentement, blocs de béton qui chutent au ralenti, nous écrasant un peu plus sous le regard de la maîtresse de ballet bien décidée à ne rien lâcher. Nous voilà pris à la gorge par un boa qui resserre son étreinte à chacune de nos respirations. Plus nous nous échinons à faire le mieux possible, plus le mépris qui nous gicle à la figure est acide et abrasif. Nos corps tremblent, luttent, restent impassibles aux meurtrissures de l'esprit et à celles que nous lui infligeons pour repousser toujours plus loin nos limites. Les remontrances sont épinglées une à une dans notre dos avec la froideur administrative d'un tribunal dont nous sommes les accusés multirécidivistes.

« Elle n'a rien écouté de ce que j'ai dit et montré. »

« Ça n'a jamais été ça, d'ailleurs, je ne sais même pas d'où ça peut sortir. »

« Je ne vais quand même pas leur apprendre à danser. »

« Je ne sais plus quoi leur dire, vu que visiblement ça ne sert à rien. »

« Je crois que je vais aller voir Benjamin pour lui dire qu'ils sont trop jeunes, qu'ils ne seront jamais prêts. »

La répétition se poursuit. Nous nous enfonçons, impuissants, dans un gouffre infernal. Je vois dans les yeux des deux maîtresses de ballet qui encadrent Patti de la compassion et de l'effroi dès qu'elles remarquent une erreur ou une maladresse. Un mot en notre faveur est parfois timidement prononcé par l'une, aussitôt balayé d'un revers sec par l'autre. Elles sont désarmées : Patti est l'ayant droit, elles n'osent et ne peuvent pas s'interposer.

Nous commençons à nous épuiser. Nous sommes tous les deux trempés, rouges, les yeux exorbités, les muscles tétanisés. Je pense au spectacle que j'ai dansé la veille, que je redanse le soir même, puis à nouveau le lendemain. Je tiens deux rôles en alternance dans *Les Variations Goldberg* de Jérôme Robbins. Je ne sais pas si je vais encore pouvoir tenir debout après cette répétition. Le glas annonçant la fin de cette interminable épreuve sonne deux heures plus tard.

« Il va falloir beaucoup travailler si vous voulez danser *Roméo et Juliette*. Je suis exigeante, mais c'est pour votre bien, je vous assure. »

Nous la remercions poliment, prenons congé, puis, nous détournant pour sortir du studio, éclatons en sanglots l'un après l'autre. Chose rare. C'est la pression qui retombe.

Le lendemain, moulus et courbatus, nous sommes de nouveau en répétition de *Roméo et Juliette*. Nous voilà désormais seuls avec Clotilde, notre maîtresse de ballet attitrée. Elle est anxieuse, Patti va revenir nous voir, c'est bon signe, il ne faut pas lâcher, car cela signifie qu'elle tient à nous voir progresser. Crispations. Mais notre tempérament combatif et optimiste sera plus fort que la peur. Nous hochons la tête sans ciller.

Patti se présente, elle est un peu plus patiente et pédagogue que la veille, nous sommes concentrés et vigilants, la répétition se passe mieux. Nous sommes en bonne voie, Patti, Léonore et moi. Il faut dire que chaque mot qu'elle emploie, chaque direction qu'elle nous donne est d'une richesse, d'une précision et d'une intelligence infinies. Nous sentons, pas après pas, avec l'encouragement et l'enthousiasme de notre maîtresse de ballet à ses côtés, que nous progressons. Notre histoire prend un sens, la technique se délie, se fluidifie. Les pas de danse se transforment en mots, en sensations, en expressions ; nos pas de deux se construisent comme un dialogue, timide et gauche dans un premier temps, puis nos répliques dansées évoluent vers des tirades passionnées, huilées. Nos mouvements s'emboîtent de mieux en mieux les uns dans les autres, comme si nous construisions une maison de bois avec l'exigence des Compagnons, la finesse des sculpteurs. Nous polissons notre ouvrage, lui donnons forme et équilibre. Il n'y a pas de place au doute ni aux questionnements. L'œil de Patti est intransigeant et précis. Sa parole perd l'acidité qui nous avait désarçonnés au début, pour ne laisser place qu'aux précieuses informations dont nous ne nous séparerons plus.

Le soir, je peux à peine marcher sur le chemin du retour tant mon corps se relâche et exprime les douleurs que je me suis interdit d'écouter. Chaque matin est une gueule de bois de plus en plus vive. Mais, à l'heure du rendez-vous quotidien avec les amants de Vérone et leur mentor, les états d'âme n'ont d'autre choix que de s'enfouir, loin sous la terre de mon inconscient. Les cris de mes articulations se taisent, plus rien d'autre n'existe que l'enchevêtrement chorégraphique de Noureev et de son exigeante gardienne.

Le regard de Patti laisse à présent échapper un éclair de satisfaction, on perçoit un plissement de lèvres d'amusement. Celle qui prenait l'apparence d'une tortionnaire lors de notre première confrontation brutale s'avère être une guide acharnée et perfectionniste, mettant toute son énergie au service de notre réussite, ne s'encombrant pas de manières et de pédagogie, certes, mais ne perdant jamais le désir de voir s'accomplir notre talent.

Le ballet se profile enfin dans sa totalité, nous approchons des premières représentations et sentons que nous sommes prêts. Nous sommes conditionnés comme des chevaux de course que plus rien ne peut perturber, disposés à laisser affluer la magie du spectacle avec ses surprises et son instantanéité.

Malgré l'obstination de ce travail d'horloger pour imprimer au plus profond de chacune de mes fibres musculaires les enchaînements, jamais je ne me suis senti aussi libre de me donner à fond sur scène et d'embrasser chaque instant comme si je le vivais pour la première fois. Avec Léonore, nous nous comprenons, nous plongeons nos yeux et nos corps l'un dans l'autre. Notre écoute mutuelle est maximale, si bien que chaque accident est le bienvenu, car, une fois maîtrisé, il renforce la passion et la complicité que se vouent les amants centenaires.

À l'issue de notre première représentation, Clotilde nous enlace, les yeux brillant de tendresse et de joie. Puis Patti arrive, le visage impassible et profond. Nous attendons, fatigués et tendus, son retour alors que nos corps sont encore fumants et humides. Prenant son temps et une longue inspiration, la phrase tombe avec lenteur :

« Je n'ai pas vu un *Roméo et Juliette* comme cela depuis plus de vingt ans. C'était très bien. »

Ma reconnaissance est immense. Elle m'a permis de mettre le meilleur de moi-même au service du rôle. Son exigence et son autorité auront été la plus grande forme de respect qu'elle pouvait nous adresser en tant que jeunes interprètes. Un respect pour notre talent afin qu'il s'exprime de la plus belle manière possible. Elle nous a rendus fiers de porter l'œuvre de Rudolf Noureev, que nous n'avons certes pas connu, mais que nous avons l'impression d'avoir rencontré à travers les paroles de sa première Juliette, à travers ses indications et la sensibilité qu'elle a donnée à sa chorégraphie. Je n'oublie pas l'accompagnement quotidien de Clotilde, qui nous a soutenus du début à la fin, qui nous a fait confiance dans cette traversée tumultueuse, tant à nous qu'à l'enseignement de Patricia Ruanne.

Nous ne sommes malheureusement pas tous égaux face à ces méthodes de travail, face à l'humiliation et la violence psychologique. La réaction des uns et des autres ne peut jamais être anticipée. Il y a des personnalités fragilisées par des expériences traumatisantes que la vie leur a infligées, non disposées à supporter ce genre de relation. Cette dynamique de travail fonctionne pour moi, même si je place le respect de l'autre et le rapport humain en valeurs cardinales. Je me retrouve face à un paradoxe : accepter de participer à la mécanique de cette « machine à broyer les faibles », comme le dit Ghislaine Thesmar, une grande danseuse dont la carrière s'est déployée entre 1961 et 1988, tout en refusant de cautionner les effets néfastes qu'elle cause sur d'autres. Il existe d'autres méthodes pour faire sortir le meilleur de soi-même. C'est une réflexion qu'il est primordial d'embrasser et de creuser, à titre personnel et collectif, lorsqu'on cherche à atteindre l'excellence, tant pour l'accomplissement du danseur que pour sa performance face au public.

7

Loin des vignes

2005. Je viens d'intégrer l'école de danse de l'Opéra de Paris, en 6e division, et je me rends pour la première fois à l'Opéra Bastille. Ce que je vis semble *en dehors* de tout ce que j'ai pu imaginer jusqu'ici.

Je pénètre dans ce grand bâtiment, pressé à l'idée de retrouver mes camarades, de me déguiser, de me faire maquiller, d'assister au spectacle depuis la coulisse, puis de danser sur scène dans ce ballet appelé *La Bayadère*. Je suis bouleversé par l'univers enchanté de la scène.

Une excitation proche de la frénésie me traverse lorsque nous empruntons les escaliers métalliques pour rejoindre les hangars entourant le plateau, ce lieu dont je ne perçois toujours pas bien les dimensions. D'immenses rideaux de fer délimitent un espace pouvant contenir un Airbus A380, éclairé par des rangées de néons blancs à la lumière blafarde ; des murs habillés de peinture noire grossièrement appliquée, que la succession des productions a abîmés ; d'innombrables veines de câbles et de rails. L'ambiance sombre et terne fait presque penser à un décor de science-fiction post-apocalyptique. Une atmosphère impossible à concevoir depuis la place de la Bastille, où, à quelques mètres, une vie grouillante s'écoule sur le pavé, brouhaha incessant de klaxons, de pas saccadés et de bruits de pots d'échappement.

Il y a surtout ce calme. Un calme soudain qui me donne la chair de poule. J'entre dans un autre monde, un monde que l'on peut dissimuler derrière un simple rideau, un monde où la réalité se modèle à coups de stuc, de toiles superposées, de fausses perspectives, d'éléphants en bois sur roulettes, de maquillage. Un monde loin des vignes de mon enfance, loin de Nanterre, loin du RER A et des allers-retours Le Creusot-TGV/Paris-Gare de Lyon. Ce nouveau monde sera désormais le mien, celui dans lequel je me destine à vivre, à vivre ma passion, mon art, ma danse, qui me fait rêver des nuits entières. Ce monde qu'il m'arrive de haïr, mais plus souvent de chérir. Je traverse l'arrière-scène en sautillant, allègre petit insecte dans cet antre industriel, on entend les notes légèrement assourdies émanant de l'orchestre et le bruissement d'une activité intense de l'autre côté du lourd rideau coupe-feu. Mon pouls s'accélère, le stress et l'adrénaline montent. La bande que nous formons, mes camarades et moi-même, est intenable. Impossible de nous discipliner. Il faut pourtant faire preuve de discrétion lorsque nous nous glissons en coulisse avant notre première entrée. La pénombre et les mouvements fréquents de machinerie dans *La Bayadère* rendent l'exiguïté de ces espaces dangereuse, surtout pour des enfants.

Dos à une coulisse, le plus proche possible de la scène, comme si j'étais au premier rang d'une salle de cinéma, assis en tailleur, j'observe. Je veux palper de tous mes sens ce qui se déroule à quelques centimètres de moi. Il me semble que l'air contenu dans la cage de la scène est un élément solide, en trois dimensions. Je voudrais l'attraper, le manger, y plonger comme dans une piscine. Je ne bouge pas, je retiens le moindre geste ou le moindre bruit qui pourrait causer du tort au spectacle. La discipline de l'école de danse s'applique ici aussi, je ne veux pas me frotter au règlement.

J'assiste à une succession de pas, utilisant des techniques que je n'arriverai jamais à reproduire, me dis-je. La beauté des corps travaillés me paraît hors de portée, notamment cette sensualité des torses nus masculins et des lignes galbées que mettent en avant leurs collants. Était-ce là l'envie de leur ressembler ou bien les prémices d'un désir érotique encore inconscient ? Je sais que j'en suis loin avec mon petit corps de garçon de douze ans, mon ventre rond et ma mine joufflue.

Je me souviens de l'opulence des costumes faits de plumes, de perles et de drapés étincelants. Des reflets bleu nuit dans les plis des pantalons bouffants piquetés de strass et d'autant d'étoiles que j'ai dans les yeux. Je vois ces lèvres parfaitement dessinées, dévoilant un sourire préparé, contrôlé, pour envoûter et capter celle ou celui qui s'y laisserait emprisonner. Cette force équine avec laquelle les danseuses et les danseurs se déploient, s'extraient du sol et de la gravité. Cette sueur rendue trouble par le fond de teint poudré, giclant à chaque mouvement de tête pour s'étaler par taches ocre sur le sol gris clair.

Au-dessus de nous s'élève la voûte magistrale en bois, avec ses nuances de couleurs subtiles, changeantes au gré des éclairages, tantôt éblouissants, tantôt tamisés et intimes, pour ajuster la lumière d'une journée imaginaire n'ayant lieu qu'ici. Le hasard fait que mon grand-oncle Hubert, menuisier aux ateliers de construction de décors de l'Opéra Bastille, a participé à sa réalisation. Un jour, lorsque mes parents lui avaient annoncé mon admission à l'école de danse du ballet de l'Opéra de Paris, il leur avait répondu qu'ils devaient se tromper, que c'était impossible que leur enfant élevé à la campagne fasse partie de l'élite dansant sous cette arcade étoilée qu'il avait érigée.

Survient le moment où nous devons nous élancer à notre tour dans l'arène chauffée par les regards du public et les centaines de projecteurs rivés sur nous. Nous dansons autour d'un danseur incarnant « l'idole dorée », couvert de peinture dorée, métallique, et de bijoux dignes des *Mille et Une Nuits*. Il nous impressionne par sa prestance, sa parfaite exécution technique, et par l'effet troublant de sa peau recouverte d'or. Il est comme un dieu.

J'incarne le rôle d'un de ses jeunes serviteurs (pour ne pas dire esclaves). Je porte une grosse culotte bouffante, un collier ousekh de l'Antiquité égyptienne, une écharpe colorée avec une foultitude de petits pompons, de gros bracelets aux chevilles et aux poignets, composés de lourdes perles et de grelots. Un casque en velours noir recouvre ma tête, agrémenté d'une sorte de queue de cheval aux fils de laine torsadés.

En dessous, je porte un académique – une combinaison moulante en lycra – marron couvrant mon corps entier, des pieds à la tête, avec une cagoule. Mais aussi des gants de la même matière et de la même teinte, ainsi que du maquillage de la même couleur sur le visage. Mes traits sont appuyés au crayon noir, mes lèvres sont peintes en rouge et la couleur en dépasse délibérément les contours afin qu'elles paraissent plus charnues.

Mon rôle sur la fiche de distribution : « un négrillon ».

Dix ans plus tard, en décembre 2015, l'Opéra de Paris redonne *La Bayadère*. Ces grands ballets classiques se jouent à intervalles réguliers, tous les cinq ans environ. Ils garantissent une rentabilité optimale, surtout pendant les fêtes de fin d'année. Benjamin Millepied, alors directeur de la danse, décide de renommer le rôle des « négrillons » en « enfants de l'idole dorée ». Dans le même temps, il modifie, pour les enfants blancs, les académiques marron en académiques couleur beige ou rose, qu'on appelle « chair » (qu'on devrait d'ailleurs simplement appeler « beige »), et transforme le maquillage marron aux traits caricaturaux et grossiers en un maquillage naturel, s'appuyant sur la teinte de la peau et les traits du visage. Les enfants noirs ou métis portent alors un académique et un maquillage s'accordant à leur carnation.

À ce moment-là, cette décision choque une partie des danseuses et des danseurs, qui ne veulent pas que l'on modifie l'œuvre de Noureev. Cela altérerait sa magnificence. On ne touche pas aux peintures, alors pourquoi le ferait-on aux ballets ? Certains pensent qu'une telle décision nécessite un débat public, avec des avis qui s'opposent et se contredisent avant d'aboutir à un compromis. Benjamin Millepied est agacé par ces manifestations de désaccord. Pour lui, c'est une décision vitale quant au respect de principes de base contre la discrimination raciale et une représentation raciste, à savoir le *blackface*, appliquée à des enfants. Le *blackface* n'est tout simplement pas acceptable, encore moins sur une scène, celle de l'Opéra de Paris qui plus est.

Je suis complètement d'accord avec lui. Coutume issue du colonialisme esclavagiste visant à caricaturer les esclaves noirs, le *blackface* s'inscrit dans une tradition qui consiste à exhiber les Noirs pour divertir les Blancs. C'est sa décision, elle repose sur des valeurs essentielles de tolérance et d'antiracisme, elle n'a pas à être justifiée. Il aurait même pu aller plus loin en demandant au service « teinture » du département des costumes de teindre chaque académique en fonction de chaque carnation pour représenter la diversité des peaux sur scène, pour la plupart claires dans la danse, et pour éviter de stigmatiser les seuls à porter une couleur plus foncée.

Nous n'en sommes alors qu'aux prémices d'un débat qui traversera bien plus que l'Opéra.

8

La dalle de Nanterre

Fin juin. Nanterre. Il fait chaud ce soir. L'allée bétonnée et les immeubles environnants me renvoient à la gueule la chaleur emmagasinée tout au long de cette journée qui se termine comme le volume d'une chanson que l'on baisse lentement. Au loin, les tours Nuages projettent leurs grandes ombres sur le parc André-Malraux. Derrière leurs fenêtres ovales se jouent des joies familiales, des drames aussi, sociaux et urbains. L'école de danse se dresse avec orgueil de l'autre côté du parc. L'enceinte feuillue, doublée de hauts grillages impénétrables, cache ici d'autres joies et d'autres drames, juvéniles, éphémères.

Des hirondelles dessinent dans le ciel des figures chaotiques avec des sifflements stridents que je trouve rassurants. La lumière orangée s'allonge sur les gradins de l'amphithéâtre en plein air, quasiment jamais employé. Heureusement, quelques groupes de jeunes danseurs audacieux le transforment parfois en scène ou en ring. Les habitations alentour sont calmes et commencent à peine à accueillir les travailleurs harassés d'avoir nettoyé les rues ou les bureaux de la Défense, ou d'avoir livré, porté, assemblé, vidé, cloué.

Le collège Paul-Eluard se repose après une journée de plus, chahutée par les courses, les rires, les cris, les bonnes notes et les mises à pied. Les jeunes qui apprennent, les jeunes qui insultent les profs, les profs qui essaient d'apprendre aux jeunes, qui font parfois la police, la police qui veille, et qui insulte parfois les jeunes. Ce sont des ados comme moi pourtant, mais qu'on a mis de l'autre côté de l'esplanade. Des gamins à qui on nous a interdit d'adresser la parole ou un regard pour éviter le conflit, un jet de pierre, des injures, s'épargner un racket à la sortie des classes le vendredi à 17 heures. On nous a proféré ces recommandations comme s'il était impossible d'envisager une autre relation, d'imaginer un autre rapport entre nous.

C'est l'ignorance ou le conflit. D'après nos responsables, la connivence est impossible. Comme si cette esplanade s'érigeait en un mur immense et infranchissable contre lequel même le sourire, la parole et la culture – voire la sociabilité et l'amitié – ne peuvent rien. Encore moins se comprendre ni se rencontrer. J'aurais parfois aimé être comme les jeunes d'Eluard. Ne pas avoir une pression constante sur les épaules, mais traîner des heures avec mes potes dans les parcs, m'amuser et faire des conneries de mon âge, courir pour ne pas me faire choper et rire de l'adrénaline procurée.

Sont-ils vraiment plus libres que moi, ces jeunes que j'observe depuis la fenêtre de mon box de six mètres carrés à l'internat ? N'ont-ils pas peur de leur propre avenir, du plafond de verre bien trop bas qu'on a placé bien trop tôt au-dessus de leur tête ? Peut-être avant même leur naissance ? Je ne sais pas ce qui se passe au collège Paul-Eluard. Je n'y suis pas. Peut-être que certains arriveront à faire bouger les lignes. Mais jusqu'où ?

Quelques personnes profitent de la *golden hour* devant le restaurant de burgers, installées sur des chaises en plastique blanc : rires, sons mélodiques d'un mélange de langues étrangères. Insouciance de ces heures qui allongent les ombres. Des passants marchent droit sur l'esplanade, se croisent de manière aléatoire, à des rythmes différents, tout en dessinant une sorte de chorégraphie, comme si Lucinda Childs ou Anne Teresa De Keersmaeker dirigeait cet ensemble hétéroclite depuis une coulisse invisible, un cahier et un stylo à la main. Les tenues vestimentaires de ces marcheurs de 20 heures s'accordent de manière étonnante et détonnante : chacun a fait un choix qui lui est propre, mais tout semble avoir été sélectionné avec soin par le responsable de production des costumes pour créer une cohérence. De temps en temps, un marcheur rêve, pérégrine ou déambule, apportant à cet instant poétique une dissonance appropriée. Il va parfois s'asseoir contre l'un de ces horribles cubes en verre brisé, pour réfléchir, regarder les passants, ces autres interprètes de la pièce, ou faire demi-tour et se réinsérer dans le flux continu. Qui sont-ils, ces génies du hasard qui s'exécutent pour moi seul ?

J'ai envie de rejoindre ces âmes anonymes qui défilent, d'avoir moi aussi un but bien défini, une provenance et une destination, des choses à faire, des gens à voir, des points qui remplissent des cases, qui remplacent l'écran flou et brumeux de mon avenir. Un avenir aux mains de cet examen que je dois passer, rite de passage obligatoire d'une année sur l'autre. Sacrifice répété, docilement et volontairement, où nous nous voyons jugés, analysés, notés, puis classés parmi nos camarades de classe, amis, amours…

Je le sais déjà : le trac et l'excitation vont m'empêcher de dormir. Je profite de ces dernières secondes de miel où mon visage peut encore croire qu'il n'est pas le masque de quelque comédie désuète, où les sourires sont feints et où les regards carnassiers se maquillent à l'eye-liner et au mascara.

Puis vient la nuit, durant laquelle je me repasse des centaines de fois le film des variations que je dois exécuter parfaitement devant le jury pour décrocher mon ticket d'entrée en classe supérieure. Je m'imagine rater mille et un pas pour conjurer le sort, pensées qui se transforment en cauchemars, en angoisse croissante et en une lourde insomnie. Je me vois premier du classement, auréolé de succès, puis viré, abattu et en pleurs. Pour penser à autre chose, je me laisse dériver à quelques fantasmes érotiques, restant le plus discret possible en faisant abstraction de mes deux acolytes de chambrée.

Demain, à 14 heures, à l'issue de l'examen pour accéder en division supérieure, ce sera ou ne sera pas la fin de plusieurs années de travail acharné, d'amitiés liées et déliées. Je saurai si je pourrai poursuivre ce chemin pour être un jour danseur, voire danseur étoile. Tout sera plié en quelques minutes, en collant gris et tee-shirt blanc, sous la chaleur des projecteurs de la salle du sous-sol, dans l'odeur de plastique chaud que le lino renvoie sous la caresse des fortes lumières et le parfum âcre de ma transpiration adolescente. Je serai sous les yeux des membres du jury assis dans l'ombre des sièges rouges surplombant la scène de ce petit théâtre où se jouent nos vies.

Le stress et l'atmosphère étouffante m'empêcheront de respirer convenablement, mais pas de me battre comme un forcené pour rester concentré, pour avoir l'air à l'aise, confiant et détendu, pour rester musical comme si cela n'était qu'un badinage.

On croit souvent que la compétition est insoutenable, que les rapports amicaux sont compromis par ces rituels sauvages et impitoyables, que l'ambition et la passion pourrissent nos relations. Dans l'imaginaire collectif, on aime penser que cette quête de beauté, que cette recherche de perfection technique se transforme en pugilat. Que l'abandon d'une vie tracée dans une société cadenassée, dans laquelle chacun doit porter des œillères et où les sorties de route ne conduisent qu'à la marginalité, à la mort et au chaos, a un prix à payer : la solitude et la dépression. C'est faux et stupide. Mais c'est humain.

Au contraire, ce qui me fait le plus souffrir, c'est de voir les amitiés construites, tissées et consolidées au cours de ces années, voler en éclats par la hache intransigeante du renvoi sans condition ni rémission, à l'issue de ces quelques minutes d'agonie sur scène. On joue notre honneur, on présente le fruit d'une année entière de labeur, de doutes et d'échecs, de réussites techniques et psychologiques. On vit cet examen comme un moment de gloire ! On se soutient les uns les autres, on s'enlace, on s'émeut, on se souhaite le meilleur. On pense : « Pourvu qu'il s'en sorte suffisamment bien pour passer à l'année supérieure ; pourvu que je ne m'en sorte ni beaucoup mieux, ni beaucoup moins bien, pour le retrouver. »

Est-ce pire qu'ailleurs ? Est-ce plus dur qu'au collège Paul-Eluard, où d'autres haches viennent s'abattre sur les destins des uns et des autres ?

Dans notre cas, les règles sont claires dès le début, annoncées directement. Notre couperet, c'est la porte vitrée par laquelle nous sommes entrés et sortis toutes les semaines depuis ces années d'apprentissage, et sur laquelle la feuille des résultats de l'examen est affichée. Cette porte vitrée qui ne s'ouvrira plus pour telle ou telle personne que j'ai aimée et que je vais perdre. Notre relation, comme un jean qui décolore lavage après lavage, jour après jour, s'affadira, les messages s'espaceront, les soirées se restreindront, et notre amitié finira par se résumer en un message Facebook tous les ans pour se souhaiter un bon anniversaire. Demeureront les souvenirs précieux, la complicité ténue qui nous liait.

Mais pour l'instant, avec ces amis très proches, nous partageons tout : blagues, discussions, devoirs, câlins et idéaux. Nous sommes tactiles et la proximité de nos corps gêne parfois les autres jeunes que l'on croise. Est-ce lié à notre habitude de travailler corps à corps ? Est-ce parce que ces corps que nous passons tant d'heures à polir, à tailler, à embellir et parfois à meurtrir ont besoin de tendresse que nous nous en procurons mutuellement ? Il ne s'agit pas de sexualité, mais d'une nécessité vitale de ne pas s'infliger, en plus du malaise de l'adolescence, les marques du sexisme, du racisme, du virilisme et de l'homophobie.

Il ne restera en première division que les survivants de cette quasi-téléréalité. Je me souviens avoir ressenti une certaine amertume à ma dernière rentrée au 20, allée de la Danse, à Nanterre, devant la petite poignée de camarades que nous étions. J'avais passé cinq ans à me préparer à la première division, cette année si importante où tout se joue et qui conduit au concours d'entrée au ballet de l'Opéra de Paris. C'était l'apogée de cette période d'apprentissage et d'adolescence. Sans m'en rendre compte, tout était déjà fini, le fun était derrière moi. J'étais parvenu au sommet du sapin, à la cime nue d'un arbre de Noël qu'on aurait laissé traîner dans le salon jusqu'au 5 janvier par flemme de le jeter à la déchetterie. Les quelques aiguilles à s'accrocher autour de l'étoile sur la dernière branche verticale, c'étaient nous, les élèves de première division, les chanceux ou les survivants. Cette rentrée m'avait déprimé.

J'ai pris une grande inspiration pour chasser mon angoisse, celle de m'être trop vite dévêtu de mon manteau d'enfant, d'adolescent, et d'être obligé d'avoir dorénavant froid, le temps de me rhabiller d'un peu plus de confiance, celle qu'on imagine qu'on aura une fois adulte.

9

Rituels

J'ouvre les yeux. J'ai une bouffée d'angoisse mêlée d'excitation. Je vérifie l'heure sur mon portable : 16 heures. J'ai dormi un quart d'heure à peine. Pourtant, j'ai l'impression d'avoir sombré pendant un temps infini. Mon inconscient a fait défiler en accéléré tant d'images à la seconde dans ma tête. La logorrhée mentale derrière mes paupières closes m'étouffe et m'oppresse. Peut-être pour me faire oublier que, dans trois heures et demie, je suis sur scène, nu (façon de parler), devant plus de 2 500 spectateurs en attente d'extase.

J'ai des frissons. Mes draps chauds et humides me donnent des sensations de fièvre diffuses qui parcourent mon corps, de mes sourcils à mes mollets, qui se contractent par spasmes. Mes pieds se tendent en demi-pointes si fort que je frôle la crampe. Comme les chats qui se réveillent de leur sieste, se cambrent pattes en avant pour s'étirer et sortent leurs griffes en tremblant. Comme eux, je bâille.

Pourvu que je n'aie pas de crampes lors de la représentation. Prendre trois bananes : une maintenant, une à 18 h 45, et une moitié à chaque entracte. Pas plus, sinon des remontées acides indigestes saveur banane risquent de me traverser pendant le deuxième acte. Les bananes sont pleines de magnésium, efficace pour prévenir les crampes. Il y a aussi du potassium, je ne sais plus à quoi ça sert, mais tout est bon à prendre.

Qu'est-ce qui m'empêche de rester sous ma couette, loin des projecteurs agressifs, des cauchemars de chutes, des regards dans le noir ? Rien. Tout. J'exagère. J'oscille entre l'angoisse et l'envie de tout déchirer, d'être beau, d'être aimé, pourquoi pas admiré, sans jamais me défaire de la crainte d'échouer. Ce désir n'existe pas sans son contraire. Il faut l'accepter. Être regardé, c'est accepter d'être aimé ou de ne pas l'être. D'être jugé, pour le meilleur et pour le pire

Je ne comprends toujours pas ce que je fais là. Par quel miracle je suis ici. J'ai cessé de me demander si je le méritais, si j'étais légitime. Impossible de répondre à ces questions. Je ne dirais pas que « nier », c'est « accepter », mais force est de constater que ça marche pour moi. Je m'y suis fait.

Allez, sors de là. Gestes trop vifs pour être naturels. Mes pieds moites touchent le sol. Ils vont essayer de le dompter toute la soirée. Ils ne vont pas cesser de s'en échapper pour mieux le retrouver. Mes pieds ont avec le sol une relation d'amour astrale, d'amour vache aussi, faite de violences et de douleurs, de caresses et de réconfort. Ils sont faits l'un pour l'autre autant qu'ils sont ennemis. Jusqu'à présent, ils ont l'air de bien s'entendre. On verra ce soir.

À l'extérieur, le froid est cinglant. Ça me donne confiance. Je vais y arriver. Comme à chaque fois, non ?

Dans le métro, personne ne sait. C'est drôle. Et en même temps, qu'est-ce que ça pourrait leur faire de savoir que je vais danser ce soir ? Quelle idée prétentieuse d'imaginer que je vais « accomplir » quelque chose d'héroïque. Je ne vais sauver la vie de personne. Je ne vais prendre aucune décision courageuse qui aurait des répercussions sur la vie d'autrui. Je ne vais même pas aider mon prochain. Je vais faire ce que je fais depuis plus de vingt ans déjà, ce que j'aime plus que boire et manger, ce que je fais aussi naturellement que respirer : danser. Je vais même me faire applaudir pour ça.

Je me sens plus léger. Le public attend, espère rêver, être ému peut-être, il veut s'évader le temps d'une soirée. Certains vont pleurer, vont se souvenir d'une précédente représentation avec celle ou celui qui n'est plus là, d'une blessure amoureuse qui ressurgit devant telle scène. Des souvenirs que je n'ai pas encore. Pourvu que ça dure.

« Salut, Élodie, ça va ?

– Salut, Germain. Oui et toi ?

– Un peu le trac… Comme d'habitude. Tu peux me maquiller ?

– Oui. Assieds-toi !

– Je viens de me raser, mais je n'ai pas mis de crème. Tu peux y aller sur la base hydratante. »

C'est parti. Pendant vingt minutes, Élodie va redessiner mon visage, accentuer et structurer mes traits, camoufler mes défauts, le tout avec l'infinie douceur qu'ont les mères lorsqu'elles nous réveillent le matin. Elle ne ressemble pourtant pas à la mienne, mais quand je suis avec elle, je suis avec ma mère. Élodie applique le trait noir sous mes yeux avec un pinceau fin et humide qui me rappelle la caresse des pointes de cheveux mouillées de ma mère sur mon visage d'enfant. Je profite de cette tendresse avant de rejoindre cette grande scène qui m'attend. Elle m'y prépare.

On parle de ses enfants, Candice et Timothée. On évoque aussi mes frères, Marius et Louis (jamais bien loin). On échange sur sa maison, la mienne, sa séparation après une longue vie commune, du début de la mienne. Elle m'aide à m'échapper un instant. Elle le sait, mais elle joue le jeu. Parfois j'ose lui avouer ma peur. Ma crainte d'être laid, de rater, de tomber, de décevoir, de faire tomber ma partenaire, de passer à côté du spectacle. Et Élodie me rassure, invariablement.

« Tout va bien se passer. Tu vas être magnifique », me dit-elle avec un léger plissement de ses beaux yeux bleus et rieurs.

Je n'ai aucune raison de la croire, ni elle d'en être certaine. C'est une phrase dite en l'air, mais elle fonctionne. Élodie fait disparaître mes cernes et mes rougeurs autant que mes doutes. Cette attention ne fait pourtant pas partie de son job. Nouveau visage, nouveau blindage.

Retour à la solitude de ma loge. Ça vient, ça va venir, ça va peut-être venir. Je vais y arriver. Ou pas ? J'y arrive à chaque fois. On finit toujours par être prêt quand il faut l'être. Je fuis les rituels trop réglés, trop superstitieux. Pourtant j'aimerais être de ceux qui suivent leur programme de manière métronomique, méthodiquement, sans se poser de questions.

Il est temps d'enfiler mon costume, ma seconde peau. Le tissu est encore rêche du spectacle précédent – il n'est pas lavé après chaque représentation –, il a une odeur étrange, âcre, témoignage des autres danseurs qui y ont laissé leur sueur. Ce soir, j'y laisserai la mienne. Environ trois litres, j'ai calculé en fonction du volume d'eau ingurgité.

Le costume se réchauffe peu à peu au contact de ma peau qui frissonne. Il prend vie. Ou, plutôt, il me fait prendre vie. J'accroche les pressions une à une avec la sensation pieuse de dérouler un chapelet. Puis j'enfile aussitôt un jogging pardessus, ainsi qu'une paire de baskets, comme pour en préserver l'éclat avant que les projecteurs ne l'illuminent. Je regarde par la fenêtre le jour s'effacer pour laisser place à la frénésie des nuits parisiennes. Un dernier moment de quiétude : les rayons du soleil disparaissent dans un salut discret. Comme un baisser de rideau, avant que l'autre ne se lève.

« Trois minutes », me souffle la régisseuse du plateau.

Je révise les premiers enchaînements, j'ouvre très grand ma bouche en plissant les yeux, comme un hurlement muet, pour réveiller tous les muscles de mon visage, mon masque de ce soir que j'enlèverai dès que la lumière du projecteur se posera sur moi. J'essaie de répéter mon entrée sur scène, le tout premier pas, celui avec lequel le public me découvre, celui qui dit qui je suis, qui je désire être pendant les trois heures que je vais passer en sa compagnie. Cette première vision, je la veux forte, décisive. Je veux en imposer. Je souhaite irradier la salle en un clin d'œil, comme le faisait Rudolf Noureev ou Mikhail Baryschnikov. Que mon premier mouvement me remplisse de confiance pour la maintenir toute la durée du ballet.

C'est absurde, car en vérité j'ai peur. Je me sens chétif, faible, puéril. Je regarde les heures qui m'attendent comme si j'étais face à une déferlante, un rouleau dont on ne peut échapper, dont on ne sait comment sortir. Cette force dont je veux me parer est une cape mensongère avec laquelle j'aimerais recouvrir mes craintes. Ça ne marche pas toujours.

On y est.

Le monde s'arrête. La pénombre dans la salle fait taire les dernières conversations dans le public. Les ombres discrètes qui s'affairent en coulisses s'immobilisent un instant, elles m'observent. Le spectacle ne démarre que si je suis prêt. J'ai le pouvoir d'actionner le mécanisme de ce monde irréel qui va exister pour quelque 3 000 personnes de part et d'autre de la salle. Ce pouvoir me rend fou. Je tente de ne pas y penser, mais il est bien présent, quelque part au fond de ma tête.

L'ouvreur attend que s'étrennent les premières notes que Piotr Ilitch Tchaïkovski a griffonnées 140 ans auparavant pour fermer la porte menant au parterre. L'éclairagiste reste le doigt posé sur le curseur électronique, le temps que la régie lui intime l'ordre de lancer l'effet plateau numéro 1. L'altiste a posé les crins blancs de son archer sur les cordes de son instrument en regardant le chef d'orchestre, qui lui-même vérifie que chacun est à sa place et prêt à démarrer. Une danseuse attend pour serrer son laçage afin de retarder la sensation d'étouffement que lui impose son costume. Tous sont suspendus à mon hochement de tête qui signifie « je suis prêt ».

10

Rire

Je ne souhaite à personne d'avoir un fou rire sur scène. On n'en sort pas. Plus on se retient, moins il est contrôlable. Les spasmes rendent le corps mou, donnent des crampes aux mâchoires et aux abdos, empêchent toute concentration. Le visage cherche à fuir le regard du public par tous les moyens ; on regarde ses pieds, le fond de scène, partout sauf les yeux de celui qui traverse la même épreuve juste en face. On ferme même les yeux pour se persuader que ça n'arrive pas vraiment. On visualise les pires images : de mort, de tristesse, ou juste les remontrances du maître de ballet que ce fou rire nous condamne à essuyer. On se dit : « Pourvu qu'aucun son ne s'échappe », mais à peine cette pensée traverse-t-elle l'esprit que sort le gloussement nerveux jusque-là contenu tant bien que mal.

Ce jour-là, je me le prends de plein fouet. Je ne suis pas encore étoile. Je suis quadrille, premier grade de la lourde hiérarchie qui régit les statuts des danseurs et des danseuses. L'ambiance en coulisse est décontractée et euphorique depuis le début du prologue. C'est le 22e spectacle de *La Belle au bois dormant* dans la longue série de représentations que nous avons données au cours du mois de décembre 2013. Sur scène, la fée Carabosse s'est pris la cape dans la trappe d'où elle sort grâce à un subtil effet de machinerie, ce qui a joyeusement entamé la concentration générale. Nous sommes tous crevés de la « matinée » (spectacle à 14 h 30) que nous avons dans les pattes : il n'en faut pas beaucoup pour que le feu se propage.

Celle-ci s'est achevée à 18 heures. Nous avons enchaîné avec la soirée à 20 heures. Nous avons conservé notre maquillage entre les deux représentations, ça ne vaut pas le coup de se laver le visage pour tout recommencer dans la foulée. Un raccord suffit. Je patiente au 6e étage de l'Opéra Bastille, dans une loge de dix autres danseurs, des quadrilles, et des surnuméraires en CDD dans la compagnie, engagés en fonction de l'effectif requis.

Quelques changements ont eu lieu dans la production par rapport à la dernière fois. Par exemple, les danseurs de la valse devaient porter de nouvelles perruques : tous les garçons avaient dorénavant des cheveux longs en carré placés en arrière. Cela nous donnait un air crasseux et moyenâgeux, mais ce choix devait sans doute résulter d'une cohérence esthétique à respecter, ou de la volonté de reproduire une ancienne version. Or, pour faire une blague, un des danseurs a positionné sa perruque à l'envers, le devant derrière, le derrière devant. Cela lui faisait une tête de chanteur de seconde zone des années 1980, genre coupe mulet bien ringarde (revenue à la mode depuis), détonnant complètement avec son costume « Renaissance ».

L'effet est immédiat et unanime : hilarité générale. La valse du Ier acte n'a pas dû remplir les attentes que la réputation du ballet de l'Opéra de Paris suscite dans le public. Mais nous avons survécu, fait du mieux – ou plutôt du pire – que nous pouvions. À la fin de l'acte, dès que le rideau se baisse sur une Aurore ensorcelée et endormie, nous détalons en laissant exploser ce que nous avons contenu jusqu'à maintenant. Je suis plié en deux, les mains sur mes cuisses, essoufflé de rire. Mais je me relève rapidement pour fuir la coulisse, je ne veux surtout pas croiser mes supérieurs, qui vont mettre quelques minutes à venir depuis la salle où ils ont eu le loisir d'assister au massacre.

De retour avec quelques collègues dans notre loge, j'enjambe la fenêtre pour fumer une cigarette sur la terrasse adjacente. Je ne sais pas comment nous supportons le mercure à 3 °C. C'est insensé. Il est de ces rituels que rien ne peut entraver, même lorsqu'ils sont nocifs. Fumer ne m'a jamais posé de problème de souffle. Je sais que c'est mauvais pour la récupération, que la nicotine rend dépendant, que les goudrons bouchent les précieuses alvéoles pulmonaires, que le monoxyde de carbone empêche les molécules d'oxygène de faire respirer les muscles, mais je ne m'en rends pas compte, ou je le nie. C'est surtout trop bon de se réconforter avec cette fumée épaisse et impure, avec la sensualité que procure cette tige de papier incandescente tenue du bout des doigts. La cigarette nous donne un but commun : elle nous autorise à nous octroyer dix minutes de détente collective pour discuter, raconter nos vies ou se taire sans être embarrassés par le silence. Cela nous arrive même d'aller en griller une entre deux actes si le changement de costume est rapide. Il ne me faudra pas beaucoup d'années supplémentaires pour arrêter totalement cette folie, mais, pour l'instant, je ne me pose pas de questions et je chéris trop ces moments avec mes amis pour avoir envie de les supprimer.

Je partage cette passion avec mon ami Hugo Marchand. Nous nous connaissons depuis nos treize ans et nous avons traversé ensemble toutes nos années d'école et de ballet. Nous ne nous ressemblons pas physiquement, mais notre relation fusionnelle, fondée sur notre connivence, nos affinités communes et notre amitié solide, fait que la moitié de la compagnie l'appelle Germain et moi Hugo. Nous sommes inséparables, car nous sommes encore de jeunes adultes et nous découvrons à peine la vie indépendante que peut offrir le fait de travailler et d'habiter seul dans une grande ville. Pour être exact, je n'habite pas tout à fait seul, je partage un appartement en collocation avec Letizia, une amie proche, danseuse elle aussi, que je connais depuis l'école. Nos vies ne sont pas encore surchargées de rendez-vous professionnels ou privés, d'obligations mondaines, de voyages et de projets artistiques ou personnels, nous traînons donc beaucoup ensemble avec Hugo. En plus, nous sommes la plupart du temps célibataires. Notre gémellité est telle que nous montons dans la hiérarchie en même temps, partageons les mêmes rôles, sommes nommés danseurs étoiles à trois mois d'intervalle, nous mettons en couple au même moment. En revanche, Hugo étant toujours le plus sérieux des deux, il arrête de fumer bien longtemps avant moi.

Mais, pour l'instant, on se les gèle à l'extérieur, on regarde la buée de notre respiration se confondre avec la fumée que nous expirons. Sabine, Marlène et Sarah, trois de nos habilleuses, nous rejoignent. Elles sont heureuses de nous trouver sur la terrasse : normal ! Ce sont nos copines elles aussi. On pourrait croire qu'on n'a rien en commun, mais on s'entend comme cul et chemise. Ça rend les innombrables heures qu'on passe ici plus gaies et la fatigue plus tendre. On se raconte des *gossips* juteux, des blagues graveleuses et « qu'est-ce que tu fais pour Noël ? ».

« Début de l'acte II dans cinq minutes. Mesdames et messieurs les musiciens, vous êtes attendus en fosse. Mesdames et messieurs les artistes du ballet, tout le monde en scène ! »

Nous redescendons au niveau du plateau pour rejoindre notre coulisse. Nous retrouvons les danseuses et danseurs concernés par l'acte II avachis par terre dans un amoncellement de tulle, de perles étincelantes, de brocarts colorés, de perruques laquées, de lycra pastel et de coton cardé. Les danseuses s'adonnent à leurs gestes habituels de mise de pointes : taper, plier, coudre, découdre, couper, nouer, étirer, griffer, lacer, ajuster... Chacune a ses propres gestes, correspondant à ses besoins particuliers et répétés des centaines de fois. Les danseurs s'étirent négligemment et chuchotent entre eux pour faire passer le temps. Certains rient encore de la valse « infernale » de tout à l'heure. D'autres scrutent machinalement l'écran de leur téléphone. Quelques-uns parmi les plus jeunes sont collés à la scène pour ne pas louper une miette du spectacle vu de profil.

Quand j'en ai marre d'attendre par terre, je prends Hugo par le bras et nous nous plaçons au fond de l'imposante coulisse pour exécuter l'intégralité des rôles du ballet que nous connaissons par cœur à force de les avoir vus défiler devant nos yeux : variation du prince Désiré « La Chasse », variation d'Aurore « La Vision », valse des dryades, variation de l'Or dans « les pierres précieuses », fée Violente, fée Canari, fée Farine, fées jumelles (notre passage préféré), l'Oiseau bleu, princesse Florine, Désiré à nouveau...

Rien ne stoppe notre appétit de danser et notre énergie débordante, même si nous ne nous prenons pas au sérieux en caricaturant la moitié des passages. Ça nous occupe. Ça nous libère de la nervosité accumulée toute la journée, passée dans le noir du théâtre à attendre la majeure partie du temps. En tant que derniers entrants, et donc remplaçants des rôles du corps de ballet, nous sommes parfois frustrés d'attendre notre tour. Nous avons d'ailleurs eu de la chance de ne pas avoir à patienter longtemps à cette position. Je n'aurai pas tant d'énergie à revendre quelques années plus tard quand je serai titulaire des rôles dans lesquels je serai distribué, ou quand ma concentration pour une partie soliste particulièrement difficile nécessitera tous mes efforts.

J'éprouve un immense plaisir à danser ces danses dans le corps de ballet, j'aime la sensation de faire partie d'un tout ; se mouvoir collectivement dans la même direction, construire avec nos corps des dessins complexes et harmonieux, toujours avoir un œil sur ses voisins pour se rassurer, pour suivre ou pour guider. Je ne ressens pas de stress intense, car nous partageons la pression du spectacle. Nous changeons fréquemment de partenaires au gré des danses et des distributions différentes du soir. Là, on se retrouve dans une ronde endiablée, puis par groupes de quatre face à face, chacun reprend son ou sa partenaire pour un galop en diagonale. On échange des regards amusés, on se souffle les comptes lorsque la chorégraphie est plus subtile que la partition, ou l'inverse. Ça lâche des petits cris enthousiastes, des « allez, courage », des « ça va vite », ou encore des « j'en peux plus », mais toujours avec un sourire au coin de la bouche.

Ce soir, Amélie, ma partenaire, a une douleur au pied et s'est tapé les quatre actes en matinée et en soirée. Elle danse donc son huitième acte de la journée et souffre à l'endroit d'une vieille fracture de fatigue aux métatarses. Très professionnelle,

elle arbore un visage radieux, de circonstance, pour le mariage de la princesse Aurore et de son sauveur, le prince Désiré. Je décèle néanmoins dans ses pupilles que quelque chose ne va pas, en plus de la fatigue. Je vais essayer au mieux de la soulager, de la soutenir physiquement, qu'elle sente le moins de poids possible sur ses pointes de pieds. Chaque fois que ma main enserre sa taille et que la chorégraphie me le permet, je place ma paume et mon pouce sous ses côtes au niveau des lombaires pour supporter une partie de son corps, en évitant de lui couper le souffle. Je la dépose délicatement après chaque porté. Elle me fait comprendre par un clin d'œil que ça l'aide un peu. Je lui presse tendrement la main pour l'encourager jusqu'au bout. Je sais qu'elle ferait de même pour moi.

À la fin de cette *polonaise* magistrale, les positions des corps qui se maintiennent sur les derniers mètres avant la coulisse fondent instantanément lorsque celle-ci est franchie. Les visages se décomposent en grimaces, conséquence de l'effort rendu. La sueur coule à flots sur les fronts ouatés de poudre, de beiges et de fards. Des Kleenex sont arrachés pour moucher les nez encombrés. Des gourdes d'eau sont débouchées pour abreuver les vaisseaux sanguins asphyxiés.

« Tu me passes ta bouteille s'il te plaît ? J'ai plus d'eau ! »

Je ne pouvais pas imaginer qu'une pandémie mondiale bannirait cette phrase de notre langage.

Pendant la dernière partie du ballet, j'assiste au pas de deux final des solistes. Nous, le corps de ballet, sommes les invités de ces réjouissances factices. Je ne quitte pas ma posture de scène, c'est-à-dire que je me tiens droit, l'air digne, les mouvements des bras et de la tête pesés et assouplis. Nous avons le devoir de rendre visuellement l'ambiance naturelle, spontanée et détendue. Nous ne devons donc surtout pas former de lignes, d'arcs de cercle et de diagonales. Nous faisons mine de nous retrouver par hasard en paquets de deux, trois ou quatre afin de remplir l'espace de manière homogène sans que ce soit trop organisé. Nous formons l'écrin dans lequel les étoiles vont pouvoir briller dans cette apothéose de virtuosité.

Je m'approche d'Axel et de Lucie, qui effectuent la même tâche que moi, nous nous saluons avec lenteur pour rendre le tableau vivant, mais sans attirer l'œil. L'enjeu est de pouvoir se parler discrètement, de se raconter n'importe quoi, sans rapport avec le ballet, mais en ayant l'air tout à fait à propos, donner l'impression de participer à l'atmosphère générale. Il ne faut pas se faire remarquer, ni déranger le couple star qui enchaîne les prouesses à quelques mètres. Il faut éviter de réagir à ce que nous dit l'autre en face, même s'il nous raconte les pires conneries, il faut rester dans le *mood* : c'est un exercice alambiqué.

Cela ne m'empêche pas de regarder les solistes s'exécuter, de les admirer et de m'en inspirer. Lorsque la chorégraphie leur donne l'occasion de se tourner vers nous, nous les encourageons d'un grand sourire et d'un regard appuyé. Parfois, l'un d'entre nous leur lance « Courage ! » ou « Allez ! C'est bien ! », spécialement au moment où ils sont le plus éprouvés. Nous sommes à ce moment précis à la fois les figurants de leur scène et leur raison d'exister, car ils s'adressent à nous dans la narration, même s'ils s'adressent davantage au public dans les faits. Notre présence les vivifie, les rassure. Ils peuvent s'appuyer sur nous, nous sommes leur soutien, leur force.

Il est enfin temps de se démaquiller après cette journée harassante. On hurle, soupire ou chante dans le vestiaire. L'eau des douches met du temps à se réchauffer. On s'éclabousse par-dessus les rideaux et la pudeur des plus timides est mise à rude épreuve. L'eau salvatrice lave la transpiration séchée, les peaux moites et les odeurs piégées dans les poils. La laque, le gel et le maquillage s'écoulent par la bonde dans un ruisseau opaque pour rejoindre les canalisations des égouts de Paris.

Axel nous propose, à Hugo et moi, de se retrouver avec d'autres au bar des Associés, face à l'entrée des artistes. Les lumières chaudes du soir et des chauffages extérieurs font ressortir les traits marqués que nous portons tous après la semaine intense que nous avons vécue. Les yeux sont rougis par les lingettes démaquillantes abrasives, des restes d'eye-liner gisent par paquets entre les cils, les cheveux sont trempés et en bataille. On se jette sur les pintes de bière, les pichets de vin, les entrecôtes, les pizzas, les frites et les salades qui garnissent petit à petit nos tables. L'alcool fait vite effet et nous embaume d'une agréable humeur de réconfort. Je ne sens plus trop mes jambes, mon estomac est lourd de s'être rempli si vite, et pas des mets les plus digestes… J'ai un peu la tête qui tourne, mais je me laisse bercer par les bruits alentour. On parle fort, on rit, on mange, on fume, on boit. Je sais que je vais le payer cher demain ; les articulations nouées, les muscles courbatus, le front barré et la bouche pâteuse. Mais je m'en fiche, je me sens bien, je suis avec mes amis, et demain, c'est dimanche.

11

L'ANTRE DE LA BÊTE

Je monte les marches de la sortie de métro rue Auber, station Opéra. L'odeur de ce couloir m'accompagne tous les matins : un mélange de ferraille rouillée, d'urine, d'air confiné, chaud et lourd. J'essaie tant bien que mal d'éviter les linteaux métalliques qui sertissent les escaliers en béton, sur lesquels je glisse systématiquement. Ils sont censés être antidérapants… Mais dès que j'emprunte ces marches dangereuses par temps de pluie, je risque une chute fatale à chaque enjambée, un déchirement des ligaments croisés et six mois d'arrêt.

À peine ai-je le temps de ressasser avec automatisme cette grogne matinale, que le feu piéton passe au rouge. Un tonnerre de moteurs rugit, une trombe de véhicules pressés déferle avec l'espoir futile de ne pas s'arrêter au feu suivant. Je perds quelques secondes précieuses sur mes exercices d'échauffement. Tant pis. J'ai l'habitude, je suis toujours en retard. Je m'en veux, mais je n'ai pas le temps de culpabiliser. Je lève les yeux vers l'Opéra Garnier, cet énorme bâtiment qui me surplombe, avec son orgueil, son style tout à la fois baroque et classique, ses luminaires tantôt cariatides nonchalantes, tantôt proues de navire fantôme. Je lorgne les fenêtres en œil-de-bœuf ovales de la rotonde ouest pour tenter d'apercevoir un collègue en train de répéter. C'est ici que se trouve le studio Zambelli, le plus vieux des studios de danse du palais Garnier, appelé ainsi en hommage à une grande ballerine de la fin du XIXe siècle. C'est d'ailleurs par l'une de ces mythiques fenêtres que, dans la série des années 1960, *L'Âge heureux*, un petit rat de l'Opéra s'échappe en riant avec une amie qui l'enfermera et le privera d'un rôle qu'elle lui jalousait.

Le bonhomme passe enfin au vert, je sors de ma rêverie et m'engage sur le passage clouté en vérifiant qu'un cycliste rebelle ou un couple d'adolescents gloussant à trottinette ne déboule pas sur ma gauche. Je manque de me tordre une cheville sur le pavé irrégulier qui jonche les trottoirs autour du palais, et j'arrive finalement à la hauteur d'une bande de gamines – papier et stylo à la main – qui me demande de signer quelque chose. Par réflexe, je serre mon téléphone dans ma poche, de peur d'être volé. Puis je me déteste d'avoir eu ce geste et ce présupposé. Je me dégoûte et réfléchis : comment déconstruire cette paranoïa qui n'est pas sans fondement, mais que je ne peux pas supporter d'avoir ? Comment peut-on tolérer la vision des enfants de la rue, sans soin ni éducation, que les parents forcent à voler, à mendier, que des systèmes mafieux exploitent, que l'on méprise, ou pire, que l'on insulte d'un « Dégage, sale Rom ! » ? Combien de fois l'ai-je entendu ainsi formulée en longeant ce temple des arts nobles et de la bonne société ? C'est souvent avec honte et désarroi que, tête baissée, j'avance le long des barrières en pierre d'Euville si chère à Charles Garnier.

Les panneaux publicitaires gigantesques des Galeries Lafayette détournent mon regard, qui finit par se perdre parmi les pixels tapageurs. J'adresse un « bonjour » à Nourredine, l'agent de sécurité qui contrôle les entrées dans le bâtiment. Il me répond avec un sourire, me demande d'ouvrir mon sac et de lui présenter mon badge. C'est la norme depuis les attentats de 2015. Avant cela, seuls les talents physionomistes de l'hôte ou de l'hôtesse d'accueil suffisaient. Désormais, un poste de sécurité a été installé dans une cabane en préfabriqué au niveau du majestueux portail, place Diaghilev. Le vigile y est coincé toute la journée, exposé aux intempéries et aux soupirs des salariés qui rechignent à sortir leur badge. Des portiques électroniques s'ouvrent désormais à la manière des immenses immeubles de bureaux de New York ou la Défense.

J'ai passé des heures dans la cour qui sépare le portail et l'accueil, assis sur un banc, en plein soleil, avec une clope, insouciant, entre deux répétitions lorsque j'étais remplaçant de rôles de corps de ballet. Cette même cour où, en proie à un stress dévorant, j'ai tant attendu les résultats du concours d'entrée du ballet ou ceux des concours de promotion qui ont suivi.

C'est dans cette cour que mon cœur s'est enflammé de bonheur, dix ans auparavant, lorsque j'ai vu mon nom, en lettres noires et capitales, écrit sur la liste des « engagés ». Ému et aux anges, j'avais alors serré dans mes bras avec admiration, reconnaissance et peut-être une pointe de désir troublé, ce beau premier danseur, de neuf ans mon aîné, qui me suivait à l'époque comme un mentor.

C'est aussi dans cette cour que j'ai maintes fois tenté de consoler après mon intégration dans le ballet, avec douleur et frustration, des amis qu'un concours avait jugés indignes de tel classement ou de telle promotion. J'ai grandi avec l'habitude de n'être jamais pleinement satisfait de mes réussites personnelles, car elles sont toujours synonymes d'échec pour un autre, potentiellement quelqu'un que j'aime et qui m'aime. La divergence de ces issues provoque forcément une brûlure qui marque notre relation au fer rouge. Si on parvient à la surmonter, la cicatrice de ces coups du destin nous rend alors encore plus complices, plus intimes, jusqu'à l'épreuve suivante, où elle s'ouvre à nouveau.

Je mets tout mon poids pour pousser les lourdes portes en verre. Les bruits du chaos de la rue s'estompent pour ne laisser flotter qu'un léger bourdonnement. Ces murs les ordonnent et les laissent s'entremêler aux arpèges harmonieux qui les hantent. Lira, derrière son comptoir, dans son uniforme griffé d'un sigle doré *Op*, m'accueille avec un grand sourire. Nous échangeons quelques nouvelles, j'apprécie son bel accent albanais et sa voix chaleureuse. Elle me parle de l'opéra qu'elle est en train de répéter : Lira est aussi chanteuse lyrique. Je la trouve fabuleuse, mais je suis aussi novice dans ce milieu qu'elle l'est dans la danse. Travailler entre ces murs où l'art lyrique reçoit parmi les voix les plus prestigieuses doit être pour elle à la fois fascinant et frustrant, car elle entend ces airs qu'elle connaît par cœur sans pouvoir rejoindre la scène, coincée à quelques mètres de la sortie. J'ai le rêve fou qu'un jour elle puisse être recrutée et que, d'échelon en échelon, elle puisse devenir la Reine de la nuit, Carmen ou Lucia di Lammermoor, et que l'on trinque en souvenir de sa loge d'accueil. Elle me donne deux enveloppes déposées à mon attention, l'une provient du Japon de la part d'un fan de danse, l'autre est une invitation à je ne sais quel vernissage.

Je remercie Lira, lui souhaite bon courage pour ses répétitions, et continue mon chemin. J'hésite à prendre l'ascenseur, je me ravise pour prendre d'abord un café à la cafétéria. Je passe à côté des loges techniques des pompiers et de la sécurité du bâtiment. Le plafond n'y est pas très haut, le sol semble être fait de mosaïques recyclées et posées à la hâte. La lumière y est tamisée par la saleté des globes lumineux, tandis que d'énormes tuyaux en acier enduits de rouge trouent les murs, les planchers et les plafonds de manière erratique. On les voit s'étirer partout dans le bâtiment, sauf côté public, tels de gigantesques vers carmin se repaissant avec une lenteur centenaire des maçonneries et des âmes qui les ont conçus. J'aperçois sur ma gauche le tableau d'affichage vitré avec les récentes parutions dans la presse qui concernent l'institution. Depuis que je suis danseur étoile, j'y figure parfois, accroché par une punaise de couleur.

Mes pas résonnent dans ce couloir sombre où je croise une dame que je vois souvent, mais que je ne connais pas. Elle a un regard dur, un port altier et fier, ses cheveux sont toujours impeccables. Sa peau noire se teinte parfois subtilement de bronze sous le faible éclairage du corridor. Je la salue, ce qui la surprend un peu, elle me salue en retour. Elle porte un tee-shirt siglé d'une société de nettoyage, un pantalon assorti, des gants en caoutchouc roses, et pousse sans conviction un chariot de ménage avec toutes sortes de tissus et d'accessoires. Je la sens porter en elle une infinie tristesse ; ses gestes sont las, qu'elle répète quotidiennement. Je crois qu'elle est en fin de service, elle doit être fatiguée. Les équipes de ménage arrivent extrêmement tôt, si bien que je retrouve toujours ma loge nettoyée, la corbeille vidée, alors que je ne vois jamais personne le faire.

Je tourne ensuite à gauche pour entrer dans le *Momus*, la cafétéria de l'Opéra Garnier, appelée ainsi en référence au fameux café du 1er arrondissement où se réunissait la clientèle artistique et littéraire que Puccini immortalisa dans *La Bohème*. Je m'y sens bien, il y règne une atmosphère que j'adore : les boiseries et les cuirs usés typiques des cafés parisiens se mêlent aux sons des télés et haut-parleurs qui retransmettent ce qui se passe sur scène. Il m'arrive d'ailleurs d'essayer des parties d'une variation sur scène, pensant être seul et décomplexé par le vide et le silence, de me lancer dans des tentatives périlleuses se soldant parfois par de cuisants échecs, avant de découvrir avec embarras que le « retour plateau » est allumé sur le grand écran de la cafétéria à la vue et au jugement de tous. La honte.

Une vaste fenêtre donne sur la cour et nous permet de voir la lumière du jour lorsque nous faisons une pause après avoir été enfermés en répétition dans l'obscurité de la grande salle de spectacle toute la journée. Cette large ouverture nous permet aussi de regarder qui entre et sort du bâtiment, mon occupation favorite pendant ce moment de trêve où, entre les pics émotionnels et les performances physiques que me réservent la scène et les studios, je me réconcilie avec des joies simples et futiles. Il n'est pas rare qu'une petite souris grise se faufile entre les pieds des chaises pour rejoindre quelque repaire mystérieux du bâtiment.

Je m'appuie sur le comptoir en zinc marqué par des dizaines d'années de service ; une dame, se trouvant de dos jusqu'alors, se retourne et me fait une bise par-dessus. C'est Carline, mon rendez-vous quotidien fidèle depuis dix ans. Chaque jour, elle porte sur son visage le même sourire et la même bonne humeur. Sa voix chantante laisse échapper des éclats de rire qui ponctuent nos échanges, des plus rudimentaires aux plus nourris. Elle change fréquemment de coiffure, alternant entre ses cheveux courts et crépus naturels, des tresses africaines avec extensions, des bandeaux et même, parfois, des perruques entières. Elle est un peu la reine de ce petit monde qu'est le restaurant de l'Opéra, où une douzaine de personnes travaillent, bien qu'elle n'en soit pas la cheffe. Les employés tournent régulièrement, mais Carline, elle, reste. Tout le monde la respecte. Du moins en ai-je l'impression.

Le restaurant, tout comme la sécurité et le ménage, sont soumis à la sous-traitance et leurs employés ne sont donc pas salariés par l'Opéra de Paris. Carline est noire, comme certains de ses collègues. En fait, seul le chef de la cafétéria est blanc. Carline et ses autres collègues n'ont pas les mêmes droits, la même sécurité de l'emploi, les mêmes grilles salariales, ni les mêmes avantages que nous. On ne leur donne même pas la possibilité de voir les spectacles qui se jouent à l'Opéra de Paris ni les répétitions générales ouvertes aux salariés de l'Opéra.

Carline me voit passer tous les jours. Elle connaît tous mes états : suant, léger, fatigué, enjoué, anxieux, maquillé, démaquillé. Mais elle n'a pas l'occasion de venir voir dans la salle de spectacle les raisons qui font que je passe devant elle entre midi et deux, ni de voir comment je dépense les calories tirées des plats qu'elle a aidé à préparer. Ce n'est pas normal. Chaque jour, je ne peux m'empêcher de voir cette injustice entre les différents services, étage par étage, dans ce palais napoléonien, reflet de tant d'institutions et d'entreprises françaises.

Au rez-de-chaussée sont installées les équipes du ménage, de la sécurité et du restaurant. On y constate une forte majorité de personnes appartenant à des minorités visibles.

Au niveau du plateau, la mixité raciale et sociale est plus équilibrée parmi les techniciens.

Dans la fosse d'orchestre, les musiciens sont tous blancs.

Sur scène, les chœurs comptent seulement deux chanteurs noirs sur 112 choristes.

Aux deuxième et troisième étages, on retrouve les danseuses et les danseurs : sur une troupe de 154, seuls cinq danseurs sont noirs.

Au quatrième étage, les bureaux du service de mécénat, l'AROP, avec un homme noir qui a quitté l'Opéra récemment.

Au cinquième et dernier étage, place aux bureaux de la direction et quelques postes administratifs importants, tous occupés par des personnes blanches.

Je récupère mon café brûlant et me dirige vers l'ascenseur monte-charge qui m'évite de gravir les quatre étages me séparant de ma loge. Ce monte-charge ressemble à un couloir souterrain de Berlin-Est, couvert de graffitis, obscènes, politiques, souvent les deux à la fois. Ses parois sont abîmées, rayées, lacérées. Lorsque les portes se referment, un immense pénis apparaît, entouré de fesses grossièrement tracées au marqueur blanc ; le coït est à hauteur du regard et de la transgression qu'il évoque. Je suis en immersion totale dans une atmosphère complètement opposée au reste du bâtiment, qui, elle, oscille entre décoration Second Empire surannée et fonctionnalité brute des années 1950. Un voyage dans le temps et l'espace, mais surtout à travers les luttes sociales lisibles par le prisme du ton revendicatif des différentes injonctions, insultes et caricatures qu'on y voit.

Cet espace confiné, à l'expression violente et brutale, nous ramène sans équivoque, avec ses quatre mètres cubes, à la complexité de ce microcosme dans lequel nous passons nos journées et qui rassemble, entre ses murs, toute la diversité sociale, culturelle et raciale de notre société. Il nous rappelle qu'il existe de la contradiction et des luttes vivantes au sein de cette prestigieuse institution à l'image si lisse et harmonieuse, ce palais voué aux arts nobles, à la beauté et à la bourgeoisie.

J'aime que ce monte-charge existe. Un endroit que l'on peut saccager, enlaidir, où l'on peut rendre la politesse grivoise et graveleuse, l'autorité ridicule et rabougrie, transformer les tapisseries en slogans contestataires et grossiers. Je me sens souvent ragaillardi dans mes déambulations quotidiennes. Ce piteux ascenseur rappelle la pluralité des opinions et des personnalités que nous pouvons perdre de vue lorsque, assaillis par nos besognes individuelles, nous suivons nos propres rails. Se comprendre les uns les autres, embrasser notre diversité, voilà ce qui s'impose à nous pour travailler ensemble et converger vers un but commun : le spectacle.

Les portes s'ouvrent sur l'étage du plateau et les boiseries de l'escalier en face. Je m'élance sur ma gauche pour pousser les portes molletonnées de velours vert donnant accès à l'arrière-scène et au foyer de la Danse. Je tire les lourdes portes coupe-feu sur lesquelles est peint en grosses lettres noires sur fond blanc : SCÈNE.

J'arrive en coulisse. Il n'y a aucun bruit, je ne vois personne s'activer. Tout le monde doit être en pause. C'est rare de trouver le plateau aussi calme, aussi vide. Il y règne une atmosphère étrange, comme si le lieu avait soudainement été abandonné par les mille mains qui, d'habitude, façonnent et travestissent chaque centimètre cube de cet espace infini. Cet espace qui forme en plein cœur de Paris comme une singularité quantique, à l'image d'un trou noir, une bulle renfermant ses mystères, ses histoires, au milieu du cosmos métropolitain.

Ici le temps n'a pas d'emprise ; les gens et les choses non plus. C'est le lieu le plus paisible que je connaisse, avec, peut-être, les grands chaumes d'herbes et de friches qui surplombent la maison de mon enfance.

Je me souviens des premières fois où j'ai expérimenté ces temps morts à l'Opéra Garnier, faits d'errantes pérégrinations. C'était après les répétitions de mes premiers spectacles avec l'école de danse, je m'allongeais à même le sol, sur ces travées chauffées par les projecteurs, au pied d'immenses panneaux d'un velours noir qui aspirent le moindre photon de lumière. J'avais la sensation d'être aux pieds de colosses ancestraux dressés vers les cimes du palais Garnier, érigés là pour protéger cet édifice des temps modernes, tels les gardiens d'une Atlantide enfouie sous le tumulte de notre activité humaine dévorante, qui sauveraient notre force collective et notre désir de créer librement contre les perversions consuméristes de notre société.

Je me souviens de ces longues minutes passées à écouter la digestion lente de cette énorme bête, les cliquetis et le souffle rauque de la ventilation, les yeux rivés vers le faîte du toit, cinquante mètres plus haut, à peine visible à travers les différents niveaux de paliers métalliques. Je me faisais ensevelir par la pesanteur sourde de ses intestins jusqu'à disparaître complètement pour fondre ma respiration dans celle du lieu. Je faisais corps avec cette maison qui serait la mienne, avec l'impression de la comprendre mieux que je ne me comprenais moi-même. Je suivais les lignes dessinées par les lumières bleues au sol pour me repérer dans l'obscurité et éviter de trébucher. Elles sont posées là, comme sur une piste d'atterrissage, pour nous aiguiller lorsque nous arrivons en trombe de la scène d'un grand jeté ou d'une course éperdue.

Je dépasse ensuite un énorme crâne blanc de quatre mètres de haut entreposé au fond de la coulisse. Son visage apparaît, dur et froid, les yeux vides, les sourcils froncés, les lèvres pincées, un rictus d'autorité sanglante. C'est une imitation de statue pour *La Clémence de Titus* de Mozart, mise en scène par Willy Decker. Je me laisse porter par la pente légère, caractéristique des théâtres à l'italienne, et dont Charles Garnier s'est inspiré. Je vois défiler sur ma droite les grandes tours de projecteurs qui inondent la scène de lumière bleue, rouge et jaune, sentinelles stratégiquement placées pour défendre nos mouvements, les habiller, les préciser et leur donner de la profondeur.

Pris dans mon élan, je freine d'un coup avant de bifurquer à droite, devant le poste de régie scénique. Il y a ici le « poste de commandement » où s'assoit le régisseur plateau. C'est comme le cockpit d'un avion, truffé de boutons lumineux, d'écrans et de manettes. Il y a bien sûr un casque audio et un micro pour diffuser les appels, comme dans les supermarchés (sauf qu'il ne sert pas ici à dire : « Le petit Martin est attendu par ses parents en caisse numéro 12 », mais plutôt : « Maestro Karoui, vous êtes attendu en fosse, le spectacle va commencer »).

Lors des représentations, une horloge fait défiler, en chiffres rouges luminescents, le temps qui passe, seconde après seconde, afin que le régisseur de scène coordonne les différents effets de lumière et de scénographie. Il garde les yeux rivés en permanence sur la scène et la partition relative au spectacle en cours, suivant en direct le match qui a lieu comme le ferait un arbitre consciencieux. Il dispose des moyens nécessaires pour communiquer avec tous les acteurs techniques. C'est le vrai chef d'orchestre, dans son poste minuscule, à quelques centimètres de la scène.

« Attention à l'effet 128, entrée du Prince » : entends-je avec délice et excitation à chaque fois que je m'élance sur scène à la recherche de cette fameuse créature hybride, mi-femme, mi-cygne, sur les notes olympiennes de la harpe. Lorsque j'attends mon entrée, à l'avant-scène côté cour, j'échange toujours un petit clin d'œil avec les régisseurs plateau, Moïra, Johanna ou Yvan, qui me sourient et m'encouragent, sortant quelques instants de leur concentration de pilote de ligne. Ils me donnent une raison de plus de franchir avec légèreté le mur invisible qui me sépare des planches de la scène. Aujourd'hui, le poste de pilotage est vide : personne n'est aux commandes. Le vaisseau flotte, seul, dans l'espace et l'obscurité.

En une enjambée j'arrive sur la scène, immense et vide. Je suis face à la salle, majestueuse et endormie, qui d'ordinaire, en plein éveil, vrombit de mille applaudissements, de grincements de fauteuils, sent les parfums de luxe ou l'humidité des vêtements mouillés par la pluie. Sans lumière et déserte, elle ressemble à une grotte obscure, l'antre étrange et envoûtant d'un monstre mythique parti en vadrouille. Je m'y sens bizarrement protégé, face à ces myriades de fauteuils tournés vers moi. Enveloppé d'une chaleur maternelle, presque fœtale, je me laisse flotter, dériver dans cet air que tant d'autres avant moi ont respiré : Vaslav Nijinski, Maria Callas, Rudolf Noureev, Anna Pavlova, Igor Stravinsky, Yvette Chauviré, Sylvie Guillem, Nicolas Le Riche. Ce même air qui a traversé les gorges d'illustres spectateurs, aux têtes couronnées, aux lèvres botoxées, aux épaules galonnées, aux visages sérigraphiés. J'entends bruisser les notes de musique égrainées par les générations successives de musiciens qui ont rempli la fosse d'orchestre. Je sens ma peau effleurer les kilomètres de tissus confectionnés par une armée de couturières et de couturiers appliqués qui ajustent chaque sequin, réalisent chaque broderie. Les planches qui craquent sous mes pas me semblent si familières, l'impression d'être à l'étage de la petite maison où mes grands-parents ont élevé leurs huit enfants, dans la chambre que se partageaient mes tantes Catherine, Damienne, Élizabeth et Béatrice.

Cette grande scène ne m'intimide pas, elle ne m'a jamais intimidé. C'est un refuge, un terrain de jeu et une arène. Tout comme la chambre de mes tantes, c'est là que nous nous racontons des histoires, que nous construisons des châteaux forts, que nous jouons des personnages, que nous nous chamaillons. Nous y vivons autant d'éclats de joie que de drames sans gravité, mais ces scènes se terminent toujours simplement, que ce soit par un « à table ! » ou par le bruit mat du rideau qui tombe sur des claquements de mains. On se défait de l'énergie qui nous animait et on remet notre habit de tous les jours, notre masque quotidien. On remonte la légère pente de la scène, remplie de raclements de gorges essoufflées, de gouttes de sueur rendues âcres par la concentration et l'adrénaline, imprégnées des différents états que l'on a traversés ici, extase d'amour, extase de mort, des rires et des hurlements feints, des regards traîtres ou implorants, de fierté et d'arrogance. Puis on finit par pousser humblement les lourdes portes coupe-feu peintes en rouge pour laisser là cette partie de soi qu'on retrouvera plus tard, sous la caresse d'un projecteur, ou dans la nostalgie d'un souvenir d'enfance.

Je tourne à gauche, pousse des vantaux de velours vert, monte les marches quatre à quatre pour atteindre le deuxième étage. Il m'a fallu du temps pour comprendre l'intitulé des étages de ce bâtiment, qui n'a aucun rapport avec le nombre de niveaux. Lorsque nous entrons du côté des artistes, nous nous trouvons sans surprise – logique implacable – au rez-de-chaussée. Au-dessus, c'est le 1er entresol, puis le 2e entresol (entre le sol et la scène, comme si le *vrai* « niveau zéro » du théâtre était l'étage de la scène). Nous appelons ensuite l'étage de la scène « le plateau ».

Puis c'est là que tout se corse… Les trois étages au-dessus du plateau s'appellent « 2e, 3e et 4e étage », desservant respectivement les loges des solistes (au 2e), du corps de ballet (au 3e), puis de tous les ateliers couture (au 4e).

À partir de là, nous recommençons avec le 1er service, puis 2e, 3e, 4e et 5e service. Chaque étage abrite différents services du théâtre : la location des costumes du patrimoine (1S), les « électros » (2S), les « machinos » (3S), puis l'administration du ballet, avec le bureau de la directrice actuelle ainsi que les trois grands studios de danse réaménagés lorsque Noureev était directeur dans les années 1980 (4S).

C'est à ce niveau-là, le 4S, que se trouvent les belles fenêtres rondes où s'enchâssent les lyres et les trompettes en fonte décorées.

Le 5S sert d'entrepôt pour les projecteurs, les câbles et toutes ces choses que je ne saurais nommer.

Enfin, accessibles seulement par l'un des sept ascenseurs de ce côté du bâtiment, se trouvent les 1res grilles (1G), puis, par escalier, les 2e grilles (2G). C'est en quelque sorte le grenier de la scène, sous le faîte du toit, où sont suspendues des grilles au-dessus de la scène. Il est formellement interdit d'y aller sans accréditation spécifique, surtout pendant une représentation ou une répétition : si on fait tomber, ne serait-ce qu'un boulon, il risque d'atterrir sur une Violetta innocente, cinquante mètres plus bas.

Pour résumer la situation kafkaïenne en entrant dans les ascenseurs, voici la liste des boutons indiqués :

–1	RC	1ES
2ES	PL	1
2	3	4
1S	2S	3S
4S	5S	1G

Après les ascenseurs, je ne m'arrête pas sur les vieux tableaux d'affichage du ballet, en bois et verre, fermés avec une serrure. C'est ici qu'auparavant nous découvrions chaque jour nos distributions dans les ballets, les grilles de spectacles avec les dates, notre planning du mois, de la semaine ou du jour, ou encore le nombre de postes à pourvoir selon les grades. Nous pouvions être une vingtaine à nous amasser pour essayer d'entrapercevoir, la boule au ventre, une information convoitée. Depuis quelques années, nous recevons nos affectations sur une interface en ligne, ce qui a moins de charme, mais est bien plus pratique. Le parquet usé craque sous mes talons alors que s'ouvre devant moi le solennel couloir des Étoiles. Ce fameux couloir dans lequel sont affichés les noms des étoiles sur les portes des loges. Ce corridor, blanc cassé, est toujours calme, car peu emprunté. L'ambiance y est feutrée, impressionnante, presque austère. Je préfère son homologue pour les « sujets » à l'étage supérieur, un couloir orangé et parsemé de miroirs, ainsi que d'une fenêtre lumineuse. Ici, les noms défilent sur les portes : Léonore Baulac, Alice Renavand, Émilie Cozette, Mathieu Ganio, Hugo Marchand, Germain Louvet.

Cette dernière porte renferme tous les instants d'intimité que je vis ici, ce lieu où je me réfugie, loin des regards, pour me reposer, me changer, me doucher, me coiffer, me laver les dents, m'étirer, lire, réviser, pleurer, m'ennuyer, ranger, manger. J'y passe plus de temps que chez moi. C'est comme une extension, une pièce en plus.

Je tourne la clé dans la serrure, traverse le petit couloir au-dessus duquel est suspendu un maillot bleu-blanc-rouge au nom de « Louis Louvet », un ancien vêtement de course de mon frère, sacré champion de France junior de contre-la-montre en cyclisme. Des centaines d'objets accumulés si vite, au fil des années, en tant qu'étoile, racontent des histoires, leurs histoires, avec tout ce que cela peut avoir de croustillant, de glamour.

Mais ce qui prend le plus de place dans cette loge, c'est la solitude. Elle enveloppe tout le reste, non sans quiétude, mais avec fatalité. M'installer ici n'a pas signifié l'avènement de mon parcours, ni le symbole de ma réussite évidente, mais la fin officielle d'une vie de groupe, quotidienne, commencée à l'école de danse de Nanterre, plus de quinze ans auparavant. Une vie où la danse et le collectif allaient forcément de pair. Les fous rires, l'excitation partagée avant le spectacle, les *small talks* du matin, les longues conversations de l'après-midi, la tension parfois érotique d'un vestiaire, les rencontres fortuites, les moqueries, les encouragements, les regards timides ou volés. Rien de cela n'a plus rythmé mes journées après mon emménagement dans cette loge d'étoile.

Je savais bien que j'aurais d'autres joies, et que je pourrais retrouver à d'autres moments et en d'autres lieux ces instants précieux de sociabilité. Si je l'ai vécu comme un deuil, je l'accepte désormais. J'ai appris à apprivoiser cette solitude, à en faire mon alliée lorsque je perds mon énergie à cause de la fatigue ou de la nervosité. C'est cette solitude qui me permet de me concentrer sur l'essentiel, ce que je veux donner, ce que je suis et ce que je ne veux pas devenir. Je pose alors mes affaires dans le même ordre que d'habitude. J'enlève mes vêtements « de ville » et enfile à la hâte mes habits « de danse ».

12

Jeu de rôles

Un jour, on m'interpelle en pleine répétition : « Je veux voir Germain sur scène, pas Roméo, pas le danseur étoile, ni le danseur tout court, mais le Germain avec qui je parlais à la cafétéria tout à l'heure, celui qui doute, celui qui rit et qui fait rire les autres, je veux voir les souffrances et les peines de Germain, je veux voir ce qui le rend heureux, je veux voir comment Germain aime, comment il devient fou et meurt. »

Je suis décontenancé.

Quelle sensation étrange de se retrouver à devoir chercher qui l'on est alors que je n'en ai aucune idée.

Depuis que j'ai rencontré la scène, à la salle des fêtes de Givry, à l'auditorium du conservatoire de Chalon-sur-Saône, puis à l'Opéra Garnier, je m'applique toujours à me montrer au meilleur de moi-même, à endosser le rôle que l'on attend de moi.

Je baisse les épaules, je bombe le torse, j'esquisse mon plus beau sourire et mon regard le plus expressif.

Je m'inscris dans une tradition de codes très établis où ma posture est toujours contrôlée, mon souffle régulé, ma fatigue dissimulée. Je m'applique à être crédible lorsque les rôles m'indiquent de draguer (des femmes, systématiquement), de tomber amoureux (de femmes, également), de me battre (avec des hommes, cette fois) ou même de mourir. La notion de virilité est très présente, même si elle n'est pas énoncée distinctement. Il faut aussi faire preuve de juvénilité si on joue un jeune personnage ou de maturité si le personnage est plus vieux (ou plus viril, justement...).

Pour y parvenir, je puise dans les clichés de la drague. Aimer comme Richard Gere. Me battre comme Alain Delon. Fanfaronner comme Jean-Paul Belmondo. Mourir sans faiblir, et avec dignité. Si je joue un adolescent, je vais me montrer fougueux et arrogant. Si je joue un homme mûr, je ferai preuve d'assurance et de puissance.

Je perpétue ainsi une vision archaïque d'idéaux uniformes que nous nous imposons jusqu'à exploser. Toujours occulter la diversité, la différence et la multitude des personnalités qui existent. S'effacer lentement pour ne se réjouir que du sentiment abrutissant mais rassurant d'appartenir à la même condition. Emprunter le même chemin pour être sûr de ne pas se perdre, c'est aussi prendre le risque de ne jamais se trouver. Il faut aller jusqu'à se convaincre qu'on fait partie de ce groupe-là, quitte à se travestir. Je m'hétérosexualise jusqu'à ne laisser aucune trace de mon désir profond, de ma véritable identité sexuelle.

L'homme puissant et sûr de lui que je dois incarner est celui qui m'écrase à coups de talon, me tabasse le soir dans la rue si je fais preuve de trop d'exubérance ou si je tiens la main d'un autre homme. L'homme que j'incarne est celui qui met des mains aux culs impunément, qui siffle les filles dans le métro en se marrant. L'homme que je deviens est celui qui ne voit pas pourquoi être blanc lui donne plus de privilèges qu'à celui qui est noir. Je me suis appliqué pendant des années à m'y plier, malgré moi, malgré ma rage, ma défiance et ma résistance.

Ce défi n'a rien d'anecdotique. Il est complexe. Comment se battre pour renverser des codes établis il y a plus de cent cinquante ans, où l'homme blanc est roi, où le sexisme fait loi, où le racisme fait foi, où la hiérarchie des classes sociales est indéboulonnable ? Comment faire exister, même subtilement, les étincelles d'une différence qui s'accorderait mieux à mon époque, à ma propre intégrité et à mes idéaux sans balayer d'un revers tout un patrimoine artistique, technique et culturel ? Comment faire parler cet *autre*, ce dissident à l'ordre établi, dans le costume de Basilio, de Solor, de Siegfried, de Lucien d'Hervilly, d'Armand Duval, d'Eugène Onéguine ou d'Albrecht ?

Peut-être en commençant à parler avec ma propre voix, en m'autorisant à exister sur scène, *tel que je suis*.

Certes, la situation a évolué, fort heureusement. La difficulté en est d'autant plus perverse que ces questions sensibles semblent réglées en surface. Et pourtant, mon malaise existe toujours, sous une forme peut-être moins distincte.

Comment puis-je m'en sortir pour défendre des ballets qui ne véhiculent rien de *ce que je suis*, voire qui vont à l'encontre de mes valeurs ?

J'éprouve presque l'envie de m'excuser auprès du public tellement j'ai honte. Or, pour ne pas avoir honte, je refuse d'être cet autre qui se raconte toujours de la même manière pour ne jamais déborder ni dépasser du cadre qu'on lui impose. J'ai décidé de commencer par raconter qui je suis, pour être capable ensuite de m'adresser à ceux qu'on ne représente jamais. Le chemin va être long, mais je ne me retournerai pas.

Une autre question émerge : comment aborder *mon propre rôle* ? Je me rends compte que je ne sais pas comment je marche, maintenant que je dois entrer sur scène sans apparat ni artifice. Je me place maladroitement au milieu du studio et aperçois la belle Ludmila. Dans cette version de *Roméo et Juliette*, je l'aperçois comme dans un songe à travers le voile brumeux d'une vision prophétique. Je vois à travers elle les arcanes complexes du destin intense et funeste que dessinent son sourire hésitant et ses yeux vifs. Je ne tombe pas immédiatement amoureux, transi et romantique, je tombe plutôt nez à nez avec ma condition d'être humain, aimant et mortel. Ce n'est pas Juliette que Roméo rencontre dans ce premier regard : c'est sa capacité à aimer.

Mais comment j'aime, moi ? En suis-je vraiment capable ? Et comment le représenter, avec authenticité et sincérité ?

Ludmila est une femme. Je suis attiré par les hommes. Je suis même amoureux d'un homme avec qui je vis. Cela ne m'empêche pas de sentir monter en moi une émotion pure et limpide tandis que j'accepte fébrilement de ne pas me déguiser, de ne pas feindre une représentation préconçue de l'amour hétérosexuel.

Je la vois, je me vois, mes yeux s'embuent : je l'ai trouvée. Je suis libre et je me laisse aimer. Ludmila me regarde avec la même émotion. Il n'y a pas d'équivoque entre nous. Elle me connaît et accepte cette histoire que nous allons créer ensemble, qui nous ressemble. Roméo et Juliette ne sont que l'écrin de cette histoire. Ils sont comme la grammaire qui va nous permettre de parler, de scander notre humanité, de hurler notre amitié mutuelle et notre joie de se foutre du reste.

Avec cette version contemporaine de *Roméo et Juliette* de Sasha Waltz, je comprends que l'enjeu n'est pas de ressembler aux rôles qu'on me donne, ni d'aller chercher des représentations pour complaire à l'imaginaire collectif. Le combat consiste à trouver comment chaque rôle raconte notre propre histoire : le rôle n'est finalement que l'encre que je vais utiliser pour écrire la mienne. Quel soulagement de ne plus avoir peur de dévoiler ma propre fragilité.

J'entends souvent ce genre de remarques : « Ce rôle n'est pas fait pour toi », « Tu ne conviens pas artistiquement » ou « Tu manques de maturité pour ce rôle ».

Il n'y a rien de plus bête. Ce ne sont que des excuses pour empêcher l'artiste de se défaire des représentations archaïques attendues par un public prétendument paresseux et conservateur, en quête de divertissement.

La notion de « maturité » (pour aborder un rôle par exemple) est employée dans la danse pour parler d'une étape où l'on considère que l'artiste est prêt à correspondre à ce que l'on attend de lui. Cela sert surtout à crédibiliser des prises de décisions arbitraires et injustifiables. Ceux qui mettent en avant la maturité veulent surtout se convaincre et convaincre les autres qu'ils sont bien des adultes et qu'ils sont, seuls, légitimes à comprendre le monde.

Si être « mature » consiste à être trop sérieux pour embrasser la folie et l'infini mystère qui nous entourent, cela ne m'intéresse pas. En vérité, les enfants ont bien souvent des raisonnements plus clairvoyants, une compréhension de la vie plus simple et plus juste. Ils sont d'ailleurs bien souvent de meilleurs acteurs que leurs aînés, au cinéma ou au théâtre. C'est pourquoi j'essaie de me rapprocher de l'enfant que j'étais pour raconter des « histoires d'adultes ». C'est là que je trouve l'authenticité, des émotions brutes, sans artifice.

Je prône l'immaturité ! La liberté, la candeur et la folie douce qu'ont les enfants à s'approprier le monde doivent nous inspirer. L'amour n'a rien de rationnel. Il n'y a rien de plus immature que d'aimer sans contrepartie. La maturité n'a rien à voir avec l'amour.

On demande d'avoir de la maturité pour interpréter le personnage d'Eugène Onéguine dans le ballet éponyme. C'est un homme mûr, tiraillé entre sa conception de l'ordre social d'un côté, et son désir d'amour de l'autre, qui demande de s'écarter de tous ces codes le rendant esclave de son propre mépris. Son personnage a tout d'un éternel adolescent, arrogant et capricieux, qui se revêt de sérieux et feint le dédain envers les « petites choses de la vie » et qui, à la suite d'événements tragiques, se fait prendre au piège de la prison qu'il s'est lui-même construite, tourmenté par des choix d'adultes qui le conduisent à son propre malheur et à celui de sa bien-aimée, Tatiana.

On me préfère dans le rôle du jeune Lenski, figure pure et innocente du garçon naïvement amoureux d'Olga. Lenski est un personnage merveilleux, magistralement pensé. Il offre un magnifique solo sur la partition pour le premier violon de Tchaïkovski, une barcarolle en duo avec Olga et un duel poignant avec Onéguine.

Onéguine, jaloux de cette idylle dont il est incapable, va vouer une grande haine à Lenski et le détruire. Pourquoi donc ne serais-je pas assez mature pour l'interpréter ? Et si je ne le suis pas aujourd'hui, quand le serai-je ?

En attendant, je laisse libre cours à ce Roméo tout frais. Je consomme chaque goutte de mon aventure avec Ludmila/Juliette, nous arpentons la grande scène blanche en même temps que se consument nos jeunes années véronaises, pour terminer sur cette tombe de galets où j'aime tant m'allonger avec elle. Mourir dans ces conditions sur scène avec Ludmila est l'un de mes plus heureux instants artistiques, que ce soit à l'Opéra

Bastille ou au Deutsche Oper de Berlin avec la troupe Sasha Waltz and guests. C'est si extatique de s'épuiser et de devenir fou de douleur. C'est une chance de pouvoir mourir si souvent et dans de si belles conditions quand on sait à quel point la mort est aléatoire, parfois absurde et laide.

Chaque soir, une sensation de plénitude et d'aboutissement m'envahit, mais je ne suis pas dupe ; rien n'est jamais totalement abouti. Ni la version du rôle que j'ai portée, ni la version de moi-même que j'ai visitée, qui laissera à chaque éclaircie autant de zones d'ombre qu'il me faudra sans cesse questionner. Il en est de même pour l'interprétation que l'on aura donnée à l'histoire racontée. C'est l'essence même du spectacle vivant : spontanément construire, puis aussitôt détruire pour ne laisser qu'un souvenir insaisissable et subjectif, unique à chacun, que l'érosion du temps va sculpter, ronger avec plus de vigueur qu'il n'en aura fallu aux artistes pour le créer. Cette saveur amère d'inachevé, celle que je goûte tous les soirs, mais dont je ne me lasserai jamais. Accepter comme Tantale de ne jamais attraper cette impression de vérité, accepter comme Sisyphe de toujours recommencer.

13

Carnet de voyages

Qu'est-ce que je fous là ? Sur le parvis de la Scala de Milan, je ne sais pas ce que je cherche, une entrée peut-être, une tête connue. Il commence à faire chaud, même si c'est encore le matin. Je suis un peu déçu par ce bâtiment mythique qui peine à se dresser devant moi. La pierre est pâle et terne, les lignes sont lourdes et peu travaillées, l'excroissance moderne en arrière-plan fait tache.

Peut-être suis-je seulement déboussolé par le réveil matinal, le trajet en avion, la peur de cette rencontre ? Je m'accroche à cette odeur singulière d'une ville que je ne connais pas : elle sent comme les vacances, même si ce n'est pas le cas.

Une silhouette apparaît au loin, une silhouette que je connais pour l'avoir admirée longuement en photo et en vidéo sur YouTube. Elle me coupe le souffle à l'instant précis où elle se retrouve *réellement* devant moi.

Je connais les corps des danseuses, je les tiens souvent dans mes mains. Mais ce corps-là a été façonné par une divinité stellaire.

Une peau diaphane à l'image des descriptions antiques, plus fine qu'un voile de soie, presque translucide, évanescente. J'imagine le contact de mes doigts à sa surface : la pulpe de ma chair pourrait déchirer la sienne, par maladresse.

Ses longues jambes de héron foulent le sol comme si celui-ci était tapissé d'un nuage de coton. Leur « en dehors » et leur ligne incurvée ne peuvent tromper personne quant à leur appartenance à une *prima assoluta ballerina*, comme on dit en Italie.

Je parviens à peine à distinguer ses poignets tant leur finesse s'efface au gré de la lumière qui ne trouve pas d'angle pour s'y poser. Ses épaules délicates offrent un piédestal idéal à ce port de tête unique qui semble provenir du tréfonds de la Russie des tsars et des impératrices. Son visage, comme peint à l'aquarelle, laisse apparaître des yeux brillants au regard profond et millénaire, portant en eux une force titanesque, comme si deux pierres minuscules à la densité folle s'étaient trouvé une place dans cet écrin de délicatesse et de beauté. Je frissonne lorsqu'ils se posent sur moi, me renvoyant à une humilité d'apôtre nu. Je sens malgré tout une pointe de mélancolie au fond de son regard, une tristesse fauve qui n'oserait pas exister. Ses longs cheveux rouges, soigneusement coiffés d'une raie impeccable au milieu, descendent en cascade de part et d'autre de son cou blanc.

Elle s'approche de moi avec un sourire à peine perceptible. Je suis paralysé comme un rongeur voyant l'oiseau de proie fondre sur lui. Svetlana Zakharova prend une inspiration : « *Hello, you are Germain ? You look like a dancer, I couldn't go wrong !* »

Le son de sa voix est étonnant, grave et anormalement retenu, timide. Elle prononce ces mots avec un très fort accent slave. Nous ne nous faisons pas la bise, il y a trop de pudeur en elle pour que j'ose l'entreprendre. Elle m'accompagne vers l'entrée des artistes et me présente à la personne chargée de m'accueillir et de me guider dans le vieux théâtre. Elle m'installe dans une petite loge, puis m'emmène dans un grand studio de danse.

La lumière y est tamisée, l'atmosphère calme, l'odeur familière : caoutchouc du linoléum et vieux bois, comme dans tous les studios de danse à travers le monde.

Je me retrouve seul. Je m'oblige à exécuter des mouvements qui m'échaufferont pour la suite. J'ai le souffle court, je dois être un peu stressé pour ce gala en hommage à Rudolf Noureev.

Je ne sais pas à quoi m'attendre. Je ne dois pas les décevoir, Svetlana ainsi que Frédéric Olivieri, le directeur du ballet de la Scala. Je dois honorer mon titre et ma maison. Si j'ai été choisi, c'est que je suis un digne héritier du langage chorégraphique de Noureev et de son style. Mais je dois encore le prouver. Et, surtout, ne pas me ridiculiser…

Heureusement, mon amie Florence Clerc est là pour nous faire travailler et nous encadrer. Florence est une ancienne danseuse étoile de l'époque où Noureev était directeur et danseur. Elle a notamment créé le rôle-titre pour le ballet *Raymonda* et a dansé avec lui à de nombreuses reprises. Elle parle de lui comme d'un ami et comme d'un maître, fascinant et érudit. Florence est mon aînée, ainsi que celle de plusieurs générations de danseurs, mais nous nous comprenons parfaitement, spécialement lorsqu'il s'agit de danse. Elle a une vision moderne qui se rapproche de l'universel : la vérité n'est que dans la pensée à l'initiative du mouvement, ainsi que dans son adaptabilité en fonction de celui ou celle qui l'exécute. Elle sera mon alliée dans cette épreuve.

La répétition commence. Florence, Svetlana et Frédéric sont là, ainsi qu'un chef de chant (pianiste accompagnateur). Svetlana ne me regarde pas. Elle est très sérieuse et concentrée sur son échauffement. Elle enlève son bas de chauffe et dévoile la paire de jambes qui la rend si spéciale, enfile son bas de tutu et l'accroche par l'arrière, vérifie que ses cheveux sont bien fixés. Elle s'approche de moi, toujours sans un regard, me tend la main ; je la prends, nous commençons.

Les premières notes du pas de deux du mariage de *La Belle au bois dormant* retentissent, presque dissimulées par le battement sourd de mon cœur, qui a triplé de volume.

Ses yeux plongent enfin dans les miens, dans un demi-sourire complice. C'est comme si je la voyais pour la première fois, comme si, jusque-là, un voile dissimulait la vraie Svetlana. Je sens le feu derrière la glace. Nous réalisons symétriquement le premier port de bras, parfaitement coordonnés l'un avec l'autre.

Puis nous nous mettons à danser ensemble, à nous synchroniser, à nous compléter, à nous répondre. Je sens sa main qui cherche à travers la mienne de la stabilité et de l'aide pour libérer ses jambes et s'extraire de son centre de gravité. Je tiens ses hanches et vois sa jambe droite s'élever plus haut que je n'aurais pu imaginer, dessiner un rond jusqu'à s'enrouler autour de moi en « attitude ». Je suis un peu déstabilisé par sa souplesse hors norme, mais son aisance et sa légèreté ne semblent pas être affectées par mon émoi.

Nos gestes se lient et se délient avec de plus en plus de fluidité, je m'aide de ses yeux confiants et communicatifs. Il y a quelque chose de magique dans cet instant de communion, une intimité et une intensité.

Svetlana Zakharova a trente-neuf ans. Elle est russe, d'une famille modeste. Elle a connu un destin comme seule l'URSS peut en faire naître : elle a été députée à la Douma d'État russe, représentant le parti de Vladimir Poutine, dont on la sait proche. D'aucuns chuchotent même qu'elle en aurait été la maîtresse. Fantasme pur ? Je ne saurais le dire, mais ce mystère s'ajoute à ce personnage de roman d'espionnage. Elle est aussi et surtout la plus grande danseuse russe et l'une des plus grandes danseuses du monde. « La tsarine de la danse », l'appelle-t-on.

Nous n'avons rien en commun. Et pourtant, nous ne faisons qu'un en dansant. Nous parlons la même langue. Celle d'un corps qui se meut pour et avec un autre corps. Nous sommes pétris de réflexes, de codes, d'infimes ajustements que maintes fois nous avons corrigés, détaillés, perfectionnés au service de cette conversation-là. Nous nous complétons comme si nous avions été formés, toutes ces années, chacun de notre côté et à des milliers de kilomètres l'un de l'autre, dans le seul but d'accomplir ce pas de deux.

À travers nos mouvements respectifs, hérités d'une discipline marquée par trois cents ans d'histoire, parlent des dizaines de générations de danseurs et de danseuses qui ont fait évoluer la danse avant nous. C'est leur héritage que nous mettons en scène, ce langage qui nous permet de nous rencontrer dans ce port de bras où je passe de ses poignets à ses hanches en une fraction de seconde sans qu'elle perde l'équilibre. Ce qui ne m'empêche malheureusement pas d'être faillible, et pire encore, de craindre cette faiblesse. J'ai si peur de cet éclair de distraction qui me ferait manquer ma prise et voir au ralenti Svetlana m'échapper pour s'écraser au sol… Avant de rejoindre Milan, je disais pour rire à mes amis que je n'aurais pas intérêt à la faire tomber sous peine d'être torturé dans une cave du KGB. Maintenant que je suis *littéralement* responsable de sa personne, je ne ris plus du tout et je n'ai plus besoin de penser au KGB pour frissonner.

Sveltana n'a pas l'air en reste : avant notre passage en scène, elle s'inflige un très long rituel mille fois répété, tant par nécessité que par superstition, certainement pour se prémunir contre un immense stress à la source de sa discipline légendaire. Je suis étonné de voir cette grande artiste, reconnue de tous, qui n'a plus rien à prouver, qui a dansé dans les plus grands théâtres du monde et avec les plus grands danseurs, aussi angoissée avant notre pas de deux. Je me sens presque plus confiant et détendu qu'elle, ce qui me surprend et m'interroge. J'ai certainement un rapport beaucoup trop décomplexé à la scène, et tant mieux, car je deviendrais fou si cela me mettait chaque fois dans un état pareil.

Et je me souviendrai toujours de cette parole de Svetlana, l'un des derniers soirs de mon séjour milanais :

« Lorsque je suis à l'affiche, ma réputation me précède. Les gens s'attendent à voir quelque chose d'extraordinaire, à être bouleversés. Je ne peux pas les décevoir, faillir à l'attente que les gens ont de moi, je dois toujours être à la hauteur. »

C'est la première fois que je mesure à quel point la réussite et l'admiration des autres peuvent peser. Svetlana est esclave de son propre talent, de l'illustre réputation qu'elle a elle-même construite, de son travail irréprochable, de ce que les gens projettent sur elle.

Je ne pense pas être un jour à la hauteur de cette artiste qui cumule la grâce, la beauté, le talent, le travail, l'aura, le charisme et la longévité. Mais ce dont je suis sûr, c'est que cette voie que je respecte avec beaucoup d'admiration et d'humilité, je ne saurais la prendre.

*

Shinjuku Station. Je descends du métro tokyoïte à la propreté légendaire. Des dizaines de bruits et de sonneries retentissent en même temps, des notes acidulées et criardes à en faire perdre la raison. Paradoxalement, tous les visages sont stoïques, la plupart tournés vers un écran de téléphone. Personne ne prête attention à ce magma de sons et d'images qui déferlent, chaque seconde, sur les murs de la rame.

Le métro repart alors que j'emprunte l'escalator montant. J'aperçois derrière l'une des vitres deux femmes qui me regardent en riant et m'adressent des gestes furtifs, à peine assumés. Elles m'ont certainement suivi depuis le théâtre, situé dans le quartier d'Ueno, sans oser m'approcher. Je peux difficilement les reconnaître, car la sortie de la salle était bondée de fans de ballet. Environ trois cents personnes attendaient pour des autographes et prendre des photos. J'ai passé une demi-heure à sourire aux innombrables selfies, à signer soigneusement des programmes en papier glacé et à recevoir des babioles plus ou moins chics, plus ou moins incongrues.

Les premières fois que j'ai plongé dans ce bain de foule en sortant d'une représentation, j'ai été surpris par le décalage avec Paris. À l'Opéra, après les ovations de la salle, nous sortons *incognito* et croisons peut-être un ou deux amateurs familiers de l'entrée des artistes, puis nous nous engouffrons dans la bouche de métro avant de nous fondre dans le ballet anonyme du transport public. Un soir où j'avais dansé le premier rôle, dans la ligne 3 du métro parisien, je me suis retrouvé assis en face d'un couple de spectateurs tout juste sortis du palais Garnier qui, tenant à la main le programme de la soirée, commentaient ce qu'ils avaient vu et ressenti et m'avaient vivement critiqué, sans me reconnaître. Cela m'avait beaucoup fait rire.

Au Japon, il existe un engouement incroyable pour le ballet classique et, spécialement, pour le ballet de l'Opéra de Paris, qui représente le parangon du luxe et du raffinement à la française. Des fans fidèles et dévoués nous écrivent régulièrement des lettres, assistent à toutes les performances que nous donnons et nous couvrent de cadeaux, parfois difficiles à rapporter en avion à Paris.

Dans l'air chaud et humide qui laisse ma peau moite et collante, je rejoins l'hôtel Okura. La côte est rude, car mes jambes sont lourdes et engourdies par les sauts et les portés qu'elles ont réalisés pendant la représentation. Tant pis. Je ne suis pas pressé de retrouver le silence et le froid artificiel de ma chambre. J'avance vers les portes vitrées du lobby que m'ouvre un employé de l'hôtel qui s'incline pour me saluer. Je le remercie d'un *arigato* à faire rougir de honte ma meilleure amie, qui est moitié nippone.

L'air gelé de la climatisation me saute à la gorge et glace les traînées de sueur qui parcourent mon dos et mon front. L'endroit n'est pas désert, mais il plane ici une atmosphère que le temps a ignorée, comme si la modernité avait épargné ce lieu calme et désuet. Une dame est assise sur l'un des fauteuils qui occupent le grand hall. Plusieurs sacs à ses pieds, elle attend. Elle n'a pas l'air de s'ennuyer ni d'être pensive. Elle est au bon endroit, sans pour autant appartenir à la langueur qui règne ici. Son regard se pose sur moi et s'illumine. Son visage exprime toute sa candeur, en même temps qu'un air affairé et assailli par le devoir d'accomplir ce pour quoi elle est là. Elle saisit ses sacs et se dirige vers moi à petits pas. Ses exclamations aiguës remplissent le temps dont elle a besoin pour rassembler son courage et bafouiller ces mots en anglais : « *Germain, thank you, your dance is beautiful, bravo !* »

Je la remercie en souriant fort avec l'air le plus sympathique possible face à tant de gentillesse. Elle plonge sa main dans un grand sac en plastique d'où elle sort une énorme pêche ronde de la taille d'un pamplemousse, enveloppée de plusieurs couches de plastique. Une pêche comme je n'en ai jamais vu ailleurs. Je cache ma surprise et m'empêche de rire face à la loufoquerie de son présent. Le bonheur que représente cette offrande est si pur et si grand pour elle que je dépasse mon amusement pour rester sérieux en exprimant ma gratitude.

Je la remercie et repars vers les ascenseurs pendant qu'elle me regarde m'éloigner, heureuse et satisfaite. Dans ma chambre, avachi sur le lit, je laisse mon esprit entreprendre le cheminement hasardeux qui m'a mené à cette inconnue dont tout, de la culture au langage, m'est étranger. Je songe à cette dame qui m'a attendu pour m'offrir cette pêche, à 23 heures, dans le lobby de cet hôtel, avec pour seule contrepartie quelques minutes de mon attention.

Puis j'ai mangé ma grosse pêche, lentement, en regardant au-dehors les lueurs de la ville tentaculaire, imaginant à quoi pourrait bien ressembler la vie de cette « dame aux pêches ».

*

Sur une photo prise en *backstage* lors de ma nomination en tant qu'étoile, on voit une femme minuscule et frêle, arborant un sourire distrait. Elle est heureuse et émue. Cette femme n'est pas là par hasard, mes parents l'ont invitée en coulisse.

Miwako fait partie de leur vie et de la mienne, d'une manière étrange, mystérieuse et pourtant naturelle. Elle n'a pas d'âge, elle pourrait tout autant avoir quarante ans que soixante-dix. Avec sa voix fluette de petite fille, un peu chevrotante, elle parle français avec des intonations ramenées de son pays natal. Son regard d'ange lui donne toujours l'air de regarder en dehors de la réalité.

Miwako vient voir chaque ballet dans lequel je danse à Paris depuis qu'elle m'a vu me produire à l'école de danse dans *Coppélia*. J'avais alors dix-sept ans. Elle est entrée dans nos vies en interpellant mes parents à la sortie du spectacle où ils m'attendaient. Ils étaient fiers de se présenter à elle, et Miwako était enchantée de rencontrer ceux qui avaient élevé ce danseur qu'elle admirait tant. Nous avons ainsi commencé à nous voir régulièrement, tous ensemble.

Miwako s'habille toujours en accordant une pièce de sa tenue avec un élément relatif au spectacle. Lorsque j'ai dansé dans *Giselle*, elle portait une robe en velours bleu nuit pour rappeler mon costume et la longue cape que porte Albrecht endeuillé au deuxième acte. Il arrive aussi qu'au milieu d'un repas Miwako se lève et s'approche de moi en posant une main minuscule sur mon épaule pour me chanter une chanson, comme ça, sans prévenir. C'est ainsi que, après une représentation de *La Belle au bois dormant*, Miwako a interprété en japonais la chanson de Disney, sur l'air de Tchaïkovski ! Passé les premières exclamations étonnées ou gênées de l'auditoire, tout le monde s'est tu pour l'écouter entonner ce chant étrange. La simplicité avec laquelle elle avait exprimé, en chantant, son émotion et sa reconnaissance m'avait touché. Une tradition que j'affectionne particulièrement s'est instaurée : avant chaque spectacle, elle me dépose à la loge un repas pour deux – elle connaît bien sûr Pablo – composé de bentos et autres mets bien cuisinés, à la fois compliqués et raffinés, mélangeant techniques japonaises et denrées typiquement françaises, pour que je puisse bien manger après mon spectacle. Elle écrit même un menu avec les recommandations relatives aux plats.

Miwako m'écrit souvent. Elle me raconte ses souvenirs de balletomane et me donne son avis sur les pièces qu'elle va voir, sur les rôles que je vais interpréter, sur les autres danseurs, les musiques, les interviews. Elle me livre toujours son impression sur mes spectacles, avec la délicatesse de ne pas mentionner mes éventuels ratages. Elle compare même mes performances avec celles d'autres danseurs par le biais de vidéos sur YouTube par exemple, pour m'expliquer qu'elle n'aime pas ce qu'untel fait à la vingt-quatrième minute et comment j'ai réussi, selon elle, à le surpasser, ou encore à me prévenir des difficultés qui m'attendent…

Un exemple de message parmi d'autres :

Vendredi 7 février 2020, 03:26

Cher Germain,
Tu as réalisé 3 records de l'Opéra de Paris !

Acte I.

« Ballonné devant » : tes pieds sautent plus haut que ta tête ! Aucun danseur étoile ne l'avait réalisé avant toi. Record du monde !

Acte II.

« Cabriole devant aérienne » : tes jambes complètement collées devant tes yeux restent immobiles en l'air. Je ne l'ai jamais vu. Record du monde !

Entrechat six 32 fois.

Les danseurs luttent contre l'âge et « accepter son âge » veut dire baisser la barre.
Toi, tu montes ta barre ! De plus en plus haut chaque jour !

*Une petite remarque

Tout au début de l'adage au tombeau de Giselle, lors du « jeté en tournant » 4 fois, droite, gauche, droite, gauche ; au 4e jeté, la jambe de derrière de Léonore reste en l'air tandis que tu as déjà reposé ton pied. Comme c'est le dernier jeté en tournant, on a envie de savourer ce moment. Il faut que ce soit parfaitement synchronisé.
Il n'y aura pas la nomination de François Alu ce soir ?
Après la longue fermeture des salles de spectacles, on a besoin de bonnes nouvelles pour raviver l'atmosphère !

Son honnêteté peut paraître cavalière, voire maladroite, mais la candeur et la sincérité de ses propos sont toujours bienveillantes. Je m'en veux, car je n'y réponds pas systématiquement, mais je crois qu'elle ne m'en veut pas.

14

UNE VOCATION ?

« À quel âge avez-vous compris qu'être danseur était votre vocation ? »

Silence.

Je ne sais pas quoi répondre au journaliste. Je ne sais jamais quoi répondre à cette question.

Je n'ai pas commencé la danse à quatre ans dans le but de devenir danseur, ni danseur étoile (je ne savais même pas ce que cela voulait dire ni même que cela existait). Je dansais par passion, par instinct, par pulsion, voire par revendication. Pas par ambition.

Tout le monde autour de moi a pourtant l'air tellement sûr qu'il s'agissait bien d'une *vocation*. C'est-à-dire que j'aurais suivi depuis le plus jeune âge l'idée que cette passion pour la danse était innée, au même titre que l'ambition de la transformer en carrière. Comme si l'objectif de devenir danseur étoile avait été parallèle à mon simple désir de danser, voire le moteur de ce désir. Rien n'est plus faux.

Il est vrai que certaines danseuses et certains danseurs ont défini leur rêve, très jeunes, en suivant un modèle pour être « comme le monsieur qui saute très haut » ou « cette dame gracieuse et très souple ». Moi, je ne connaissais ni Patrick Dupond ni Sylvie Guillem.

Ces danseuses et ces danseurs ont donc commencé la danse dans cette optique-là, ont travaillé dur, franchi toutes les épreuves de sélection des compétitions, respecté la discipline, pour atteindre le sommet. Ils parlent bien d'une *vocation* qui se serait imposée à eux dès l'enfance, à l'image d'un appel spirituel et sacré. Je ne peux m'empêcher de mettre en parallèle ceux qui ont réussi et ceux qui avaient le même rêve, qui ont travaillé avec autant d'énergie, qui ont fait les mêmes sacrifices, mais qui ont rencontré l'échec et la déception. Certains ont parfois fait preuve de davantage de pugnacité que moi, ayant plus le sens du mouvement, ou plus d'ambition aussi. Pourquoi n'ont-ils pas réussi à aller plus loin ? Pourquoi se sont-ils résignés à arrêter la danse alors que leur vocation semblait si claire et si sûre ?

L'idée de vocation, autant que le mysticisme qui l'entoure, m'interroge et me pose problème. Je crois que danser résulte au contraire d'une accumulation de différents facteurs aussi tangibles qu'objectifs. Très jeune, une distinction s'opère, exprimée par un professeur, un observateur extérieur ou un parent. Cette distinction s'appuie d'abord sur des critères physiques :

« Elle ou il a de belles lignes / un beau port de tête / des proportions harmonieuses / un beau cou-de-pied / de la hauteur de saut / de la souplesse. »

S'ajoute à cela la représentation inconsciente qu'on se fait de la ballerine ou du danseur classique, basée sur une esthétique façonnée par les élites de la société, principal public du ballet classique depuis des siècles, puis véhiculée par les médias, les films (*The Red Shoes*, *L'Âge heureux*, *Billy Elliott*, *Black Swan*), la littérature (*Le Fantôme de l'Opéra*), les peintures et sculptures d'Edgar Degas, etc. Les enfants issus de minorités raciales, en surpoids ou qui possèdent des « défauts physiques » selon les codes requis, ou même ceux jugés comme laids de manière arbitraire, en sont souvent exclus.

Sélection.

Récemment, j'ai rencontré une mère et sa fille de douze ans, passionnée de danse classique. La mère est actrice, blanche et issue d'une famille riche d'artistes et d'intellectuels. Sa fille est noire, adoptée au Sénégal. Elle pratique assidûment la danse classique et rêve de devenir danseuse étoile. Elle en a d'ailleurs les « critères morphologiques » (les fameux !). Elle resplendit dans son tee-shirt et son jean large, elle se rêve en princesse de ballet. Sa mère me raconte pourtant qu'elle rencontre des difficultés pour réaliser son rêve : on lui fait sentir, de manière plus ou moins explicite, que sa couleur de peau est un « défaut ».

Je tombe des nues.

En 2021, ce n'est pas possible, ce n'est *plus* possible.

Les professeurs de la prestigieuse école de danse du 8e arrondissement de Paris où se trouve sa fille sont très durs avec elle, lui disent qu'elle a les pieds plats, qu'elle est trop cambrée, qu'elle n'a pas le physique… Ils l'encouragent à se diriger plutôt vers le contemporain ou le hip-hop. Un classique de racisme ordinaire.

J'ai des bouffées de honte. Face à ce genre de malaise, je me dis que j'appartiens vraiment à un milieu de merde et, qu'en plus, j'entretiens ! Avec ma gueule d'un premier de la classe du lycée Stanislas et ma raie d'apprenti curé sur le côté.

La mère a changé sa fille d'école. Elle a bien fait. J'évoque les récents événements à l'Opéra de Paris, les avancées à la suite de la publication du « Manifeste de la diversité », écrit par des artistes racisés de la maison et du rapport rédigé par Pap N'Diaye et Constance Rivière.

En effet, à la suite du mouvement Black Lives Matter et de l'assassinat de George Floyd en mai 2020, cinq danseurs et un employé de l'administration proche du Ballet, touchés et directement concernés par les questions raciales, se sont réunis pour évoquer les discriminations dont ils sont victimes au sein de l'établissement et à l'école de danse. Ils ont évoqué les pratiques courantes de racisme ordinaire dans plusieurs grandes œuvres du répertoire (*La Bayadère*, *Casse-Noisette*, *Raymonda*, *La Belle au bois dormant*), comme le *blackface*, le matériel de danse (collants et pointes roses) et le maquillage non adapté aux différentes carnations, ou encore les réflexions racistes qui peuvent être entendues sur la couleur de peau et la texture des cheveux. Ils ont également entrepris une réflexion sur les représentations issue du colonialisme qui transpire à travers nos ballets classiques, ainsi que sur la représentativité de la diversité, tant sur scène, dans les corps artistiques, que dans l'administration et dans les différents secteurs d'activité de l'Opéra.

De cette réflexion est né un manifeste pour pointer du doigt les défaillances. Ces pages ont ensuite été signées par celles et ceux qui les soutenaient au sein de la maison pour légitimer leur prise de parole.

La direction y a répondu positivement en convoquant une commission extérieure afin de rédiger un rapport sur la diversité. Certes, le manifeste ne fait pas l'unanimité dans la maison, loin de là, mais les mesures prises à la suite de sa publication sont rapides et sans appel. Des évolutions nombreuses sont en cours à de multiples niveaux depuis que les vannes ont été ouvertes. Le monde avance, nous devons avancer avec lui, sans quoi nous risquons de nous enterrer vivants dans notre conservatisme.

En novembre 2020, quelques mois après la sortie du manifeste, je suis distribué dans le rôle principal de *La Bayadère* : Solor, un valeureux guerrier indien de la caste noble, amoureux de la bayadère Nikiya, danseuse sacrée du temple hindou, mais promis à un mariage arrangé avec la fille du rajah de Golconde, Gamzatti. Je porte de somptueux costumes réalisés à partir d'authentiques saris indiens et adopte des allures de conquérant pour incarner la puissance et la noblesse.

Je raconte un monde imaginaire, inventé par des Russes puis des Occidentaux friands de récits exotiques, et dans lequel sont projetés de nombreux fantasmes, superposés aux codes de la bonne société. Ezio Frigerio, le décorateur de la version du ballet de Noureev à l'Opéra de Paris, décrit ainsi ces décors : « un *rêve* oriental vu par les yeux d'un Européen de l'Est ».

Me voilà donc projeté dans ce *rêve* – d'enfant et d'Occidental –, à apprendre les gestes et les postures qui feront de moi ce mâle blanc, riche et dominant, déguisé en Indien du Moyen Âge et donnant des ordres à ceux de castes inférieures qui doivent mimer la soumission craintive et la servitude caricaturale sous le poids de mes injonctions et de mes gestes dominateurs : par exemple, les rôles du fakir ou des esclaves se faisaient grimer au maquillage, jusqu'à ce que cette tradition cesse enfin.

Tout cela crée une vision anachronique, irréaliste et vulgaire de l'Inde.

Ce ne sont pas ces images qui ont façonné mon rêve de devenir danseur. Mais je constate avec tristesse et désillusion que ce système de représentation était déjà en place, que personne autour de moi ne s'en rendait compte, ni mes parents, ni mes amis, ni même mon oncle Mouhamadou, Sénégalais avant d'être naturalisé Français, qui m'hébergeait et m'accompagnait à l'Opéra quand j'étais enfant. Au contraire, à l'époque, tous étaient fiers de moi, fiers que je participe à un ballet avec l'Opéra de Paris, que je joue l'un des « négrillons » de *La Bayadère*.

Je ne parviens pas à me détacher de l'ironie de ce souvenir : mon oncle noir, heureux et fier de m'emmener à l'Opéra Bastille pour que j'accomplisse inconsciemment un acte raciste par nature (le *blackface*) et que j'incarne une représentation dans la pure tradition issue du colonialisme et de l'esclavage. Un ballet qui tire son histoire de l'asservissement des peuples dont ses aïeux font partie, de l'appropriation de leurs terres, de l'effacement de leurs cultures et dont les mécanismes de domination et de discrimination sont parfois toujours à l'œuvre aujourd'hui de manière directe ou indirecte.

À cette mère si triste, j'assure donc que nous nous battons pour que les choses et les mentalités évoluent dans la danse classique. Que puis-je dire d'autre ? Que cela me dépite ? Je sais que cela ne guérira pas les humiliations que sa fille subit. Avant de partir, elle me dit que sa fille s'est récemment mise à pleurer avant de lui avouer, entre deux sanglots : « J'ai l'impression d'être une tache. »

Pour intégrer un cursus d'apprentissage de la danse qui mènera à la professionnalisation, il faut aussi cocher les critères de « bonne conduite ». C'est-à-dire que l'on va juger le comportement de l'enfant au regard de ce qui est attendu par les institutions de la danse classique (dont l'école de danse de l'Opéra de Paris est au sommet). Il existe bien un « code de bonne conduite » : être appliqué et obéissant, studieux et discipliné, humble dans le travail, mais fier en représentation. Il n'y a pas de place pour la créativité, la remise en question, la rêverie ou la rébellion dans un cours de danse classique. Il faut rentrer dans le moule et ne pas faire de vagues tout en se distinguant des autres par sa personnalité et son talent. Très clairement, on n'attend pas d'un enfant le même comportement au club de foot qu'au cours de danse.

Sélection.

L'enfant se voit très jeune décerner la particularité d'être « voué à la danse », ce qui va le différencier des autres élèves, qui ne seraient là que pour le plaisir. Ce statut bien particulier est souvent porté avec fierté, en façade, mais s'accompagne d'un devoir de réussite et, donc, de l'angoisse de l'échec.

« Tu as un don, tu dois l'exploiter, en tirer profit et jouir de la chance que tu as de l'avoir. » Les autres t'envient parfois d'être celui qui a ce « don ». Ce don qui t'isole, mais te rend précieux. Tu te sens désormais obligé de tout donner pour être à la hauteur, peu importent les sacrifices.

La notion de plaisir peut alors passer au second plan, après la rigueur et la discipline. Des jeunes danseuses et des jeunes danseurs, qui jusque-là pratiquaient la danse avec légèreté et plaisir, peuvent alors craquer et perdre le goût primaire de leur passion et arrêter la danse par dépit.

Sélection.

Enfin entre en jeu le facteur social et le facteur familial. Ils seront déterminants dans la construction – ou non – de la prétendue *vocation*.

Il ne faut pas se mentir, la danse classique n'est pas une pratique innée dans tous les milieux. Si l'on appliquait uniquement l'argumentaire naturaliste qui se fonde sur les critères physiques et comportementaux (en mettant de côté les discriminations raciales), on devrait observer une répartition équilibrée quant à l'appartenance sociale des danseuses et des danseurs.

Ce n'est absolument pas le cas. Je m'appuie pour affirmer cela sur mes connaissances empiriques, mais aussi sur une étude sociologique menée par Joël Lallier[1] : « Les professions des parents des élèves de l'Opéra laissent pourtant voir [...] un biais de recrutement très important. Les élèves sont issus massivement des franges les plus aisées et les plus cultivées de la population. Ainsi, en 2010, plus de la moitié des

1. *Entrer dans la danse*, CNRS Éditions, 2017.

parents (54 %) occupaient un emploi de cadre ou parmi les professions intellectuelles supérieures. C'est le cas de presque 60 % des pères et 40 % des mères, alors que la population active à la même période comprenait un peu moins de 20 % de cadres parmi les hommes et près de 14 % parmi les femmes. Inversement, seuls cinq élèves avaient un père qui occupait un emploi d'ouvrier alors que les ouvriers représentaient un tiers de la population active masculine. »

Pour résumer, les enfants d'ouvriers ou d'agriculteurs en province ont nettement moins de chances d'être « appelés » à la *vocation* pour devenir danseur. En tout cas nettement moins que ceux nés dans le 6e arrondissement de Paris, d'un père chef d'entreprise et d'une mère chirurgienne.

J'ai d'ailleurs des membres de ma famille qui ont des professions ouvrières et agricoles en zone rurale, qui sont très ouverts à tous les sujets de société et à la culture en général, mais dont le terrain social et l'éducation, loin des pratiques de l'art, auraient rendu la construction d'une vocation artistique encore plus complexe si j'avais grandi parmi eux.

Mes parents ne sont ni riches ni citadins, mais mon père est cadre et ma mère assistante sociale fonctionnaire. Au-delà de leur curiosité autodidacte pour la culture, qui m'a conduit à voir des spectacles, des films et des expositions dans mon enfance, leur statut social et leurs ressources financières leur ont permis de me suivre et de me soutenir dans mon parcours de professionnalisation de la danse. Déplacements hebdomadaires en TGV, frais de pension, familles d'accueil, équipements…

J'ai croisé certains danseurs qui ne sont passionnés ni par la danse ni par leur profession. Ils vivent la danse comme un simple métier, avec ses joies et ses contraintes, rien de plus. Ils ne l'expriment pas ainsi, mais je le sens, et je ne les juge pas. Je le constate. Ils avaient des dispositions très jeunes pour la danse classique, et il s'est avéré que leurs qualités techniques leur permettaient de se démarquer des autres, même de ceux qui dansent avec leur intuition, qui ont un sens naturel du mouvement et de la représentation, mais qui n'ont pas le corps qu'il faut. On leur a répété qu'ils étaient doués et talentueux, ce qui a renforcé leur sentiment d'être faits pour suivre cette voie. Comment auraient-ils pu faire autrement ? Comment ne pas dire non, lorsqu'à douze ans on vous propose de suivre des rails qui vous mèneront à un avenir que beaucoup envient, qui offre un cadre de travail prestigieux, un salaire et des conditions acceptables, un quotidien dans lequel on ne s'ennuie jamais pendant que d'autres vont s'échiner à mener des études sans être sûrs d'avoir un avenir professionnel ? Aujourd'hui, ces danseurs ont gravi toutes les étapes pour devenir professionnels. Ils font plus ou moins bien leur travail, avec plus ou moins de plaisir ou de passion.

Mais peut-on toujours dire que devenir danseur ou danseuse étoile résulte d'une *vocation* ? Ce sont bien ces fameux critères physiques, ces prédispositions, ces qualités esthétiques, ces tempéraments, ces comportements qui nous permettent de façonner ou non ce désir de faire de la danse notre carrière. Et de nous laisser croire que notre réussite découle d'une *vocation* que nous aurions su mettre en œuvre.

Je pense que je ne suis pas devenu danseur étoile par vocation, mais par opportunisme. Voyant que le milieu de la danse m'adouberait dans ce que je représente à la fois physiquement, socialement et intellectuellement, j'ai saisi l'opportunité d'en faire une ambition qui me donnerait l'occasion de m'exprimer, de vivre et d'être libre.

Cette ambition, on me l'a permise, et c'est au moment où je l'ai compris que je me la suis appropriée. Cela ne retire rien à mon amour pour la danse, pour le mouvement, pour la scène et pour le travail du corps, ainsi que pour la réflexion artistique et intellectuelle que les rôles m'apportent. Cela ne retire rien non plus à mon attachement et à mon affection pour ces institutions qui m'ont construit professionnellement.

J'en ai seulement conscience. Je sais d'où je viens, pourquoi je suis là, et comment j'y suis parvenu. Je me rends tout simplement compte de la chance que j'ai eue, non pas avec culpabilité, mais avec humilité.

15

Résistance

23 décembre 2019. Place de l'Opéra, une foule s'amasse, frissonnante du froid hivernal qui couvre la capitale de son manteau d'hiver. Cette assemblée hétéroclite s'est passé le mot pour se retrouver, ici et maintenant, en vue d'un événement inédit : selon les rumeurs, des membres du ballet de l'Opéra de Paris se produiraient sur le parvis du palais Garnier.

L'attente est joyeuse et bon enfant devant ce monument imposant par son architecture et les légendes qui l'entourent. Les murmures attestent avec excitation qu'il en sortira peut-être ces êtres mystérieux, vêtus de grâce et de beauté, qui, hors du temps, dansent continuellement depuis plusieurs siècles dans ce théâtre. Un groupe de musiciens de l'orchestre de l'Opéra de Paris, dirigé par l'un de ses chefs de chant, s'est installé sur le côté droit du parvis. On entend derrière les grilles fléchées d'or un bruissement et, dans la pénombre, des silhouettes difficilement reconnaissables se dessinent au fur et à mesure qu'elles sortent de leur antre. Une brassée de tulle blanc cerclant les tailles de ces ombres opalines confirme l'exaltante nouvelle qui n'était qu'une rumeur jusque-là.

Toutes les danseuses se découvrent en plein jour, les poignets croisés devant elles, posés sur leur tutu, la tête légèrement inclinée vers le bas.

Elles marchent gracieusement avec leurs pointes pour former quatre lignes distinctes et symétriques. Leur expression est résignée, le regard las et sombre, leur position de bras et de mains croisés donne l'illusion qu'elles sont enchaînées, menottées. La foule applaudit cette entrée magistrale dont l'image restera longtemps gravée dans les esprits et les médias. Les bruits du cœur de Paris sont effroyables : sirènes, klaxons, circulation, hurlements, travaux, métros.

Pourtant, les quelques secondes précédant la première note de musique anéantissent d'un coup toute agitation. Plus rien ne vient attérer l'émotion suspendue aux échines courbées de ces ballerines providentielles.

Une lente complainte s'élève de l'orchestre, lourde de sens et d'histoire, que les plus avisés reconnaissent comme le IVe acte mélancolique du *Lac des cygnes* de Tchaïkovski.

Les danseuses, une à une, se déploient à l'image des cygnes qu'elles interprètent et entament une danse de groupe, empreinte de toute la tristesse et de la résignation qui, à ce stade du ballet, s'imposent face à la fatalité du destin tragique dans lequel elles sont emprisonnées.

Au-dessus de cet ensemble pur et impeccablement orchestré sont accrochées – piteusement, mais brandies avec fierté – deux banderoles peintes à la main où l'on peut lire, en lettres rouges et noires : « L'Opéra en grève » et « Culture en danger ».

Cet événement inédit a lieu alors que la France traverse une crise sociale lourde, près d'un an après le début des manifestations des Gilets jaunes. La contestation dans la rue est hebdomadaire et s'accompagne de tout le battage politico-médiatique relatif à ce genre de climat anxiogène. Ce mouvement populaire et transversal permet à la jeunesse de découvrir une vieille tradition française :

descendre dans la rue pour faire entendre sa voix lorsque les dirigeants en place font la sourde oreille.

Ce mouvement a aussi été l'occasion de renouer avec l'idée du collectif, de la solidarité et du débat public, dans une ère rythmée par les attentats, les états d'urgence et les mesures sécuritaires, de moins en moins exceptionnels. La mobilisation contre la réforme des retraites vient s'ajouter à ce mouvement général pour plus de justice sociale, donnant encore plus de force et de sens à la contestation.

Au sein du ballet de l'Opéra de Paris, le sujet de la retraite est sensible. Il est régulièrement évoqué lors des différentes réformes concernant les régimes spéciaux dont nous faisons partie.

Lorsque nous sommes engagés en CDI à l'Opéra de Paris, à partir de seize ans, nous bénéficions de conditions en tout point similaires à celles d'un fonctionnaire : nous sommes régis par une hiérarchie que nous gravissons par concours et nos salaires sont encadrés par une convention collective et un système de grille échelonnée en fonction de notre ancienneté.

À quarante-deux ans cependant, nous sommes sommés de partir avec la compensation de pouvoir ouvrir nos droits à une pension de retraite relative à notre régime spécial.

C'est un âge évidemment très précoce pour la retraite. Mais nul besoin de faire un dessin pour comprendre que c'est *déjà* un âge avancé pour un danseur qui exploite son corps quotidiennement et l'use prématurément. Au-delà du vieillissement des articulations et des tissus corporels, une autre vérité existe – à laquelle personne ne peut échapper et qui est en lien direct avec notre culture du ballet classique – : le public ne veut pas d'un Roméo de cinquante ans qui peine à exécuter la chorégraphie.

Une danseuse ou un danseur qui se retrouve à quarante-deux ans sur le marché du travail (dans l'hypothèse qu'il a pu mener à bien une formation de reconversion) ne vaut pas grand-chose au regard de son CV, étant donné qu'il n'est pas rare d'entrer dans la compagnie sans avoir passé le baccalauréat : le seul diplôme officiellement requis est le brevet des collèges.

Certes, nos vingt-cinq années de carrière sont riches, mais elles ne permettent pas de valoriser, d'une quelconque manière, un nouveau salaire. C'est donc retour à la case départ.

C'est pourquoi la pension aide souvent à compenser cette baisse soudaine de revenus à un moment de la vie active où l'on en a le plus besoin (enfants, projets professionnels, déménagement, etc.) et à nous donner la liberté de choisir notre reconversion. C'est en quelque sorte le contrat tacite que nous concluons avec cette institution : nous vouons vingt-cinq années de notre vie – sans compter les six ou huit années de formation à l'école de danse pour espérer être légitime – à l'excellence de notre art afin de faire rayonner le ballet de l'Opéra de Paris et la culture française et, en retour, bénéficions d'une protection de l'emploi et de l'assurance que nous ne ressortirons pas exsangues de cette vie-là. Car ce ne sont ni le prestige ni les ors qu'on associe à l'Opéra et au Ballet qui permettent de vivre au-delà de la période active. Les salaires sont d'ailleurs loin d'atteindre des sommes astronomiques, surtout lorsque l'on doit vivre à Paris ou sa banlieue proche : de 2 100 € net pour un ou une jeune quadrille, jusqu'à environ 7 000 € net pour un danseur ou une danseuse étoile en dernière année de carrière. Les pensions sont surtout plafonnées à un certain revenu et il ne s'agit que de 154 actifs (dont une maigre poignée au sommet de la hiérarchie).

C'est cette garantie de soutien dans notre deuxième vie qui nous permet d'être totalement dévoués, jusqu'au bout. Elle garantit aussi la transmission des plus anciens aux plus jeunes.

Dans un système plus libéral, à l'américaine, un danseur ou une danseuse qui verrait son corps s'affaiblir, sans perspective d'évolution hiérarchique, se dirigerait naturellement vers une reconversion anticipée pour s'assurer une situation confortable au moment où elle ou il en aurait le plus besoin. Ce fonctionnement serait catastrophique pour une institution comme le ballet l'Opéra de Paris, car son excellence repose justement sur sa faculté à toujours transmettre son héritage, son style, avec une harmonie vertueuse qui permet une continuité homogène.

Les danseuses et les danseurs de l'Opéra, conscients de ce paradigme, se sont vite rangés du côté des frondeurs, même les plus réticents, qui ont pu en premier lieu être charmés par ce nouveau système à points révolutionnaire qui remettrait soi-disant de l'ordre social et abolirait les privilèges de ces « putains d'agents de la SNCF qui sont à la retraite à cinquante ans ». Comme si le privilège suprême de notre société était de toucher une petite pension mensuelle après trente ans passés à conduire des trains et à découcher quatre nuits sur sept…

Nous avons la réputation d'être peu combatifs d'un point de vue syndical, d'être les moutons naïfs qui ne vivent que pour la gloire et se repaissent des applaudissements du public. Il a fallu que plusieurs facteurs s'accumulent pour que nous nous retrouvions acteurs d'une grève dure et continue de plus de deux mois, à la une de nombreux journaux.

Premièrement, un facteur générationnel : le renouvellement de ces dix dernières années a été assez radical. L'esprit général de la compagnie a beaucoup changé en peu de temps, avec une baisse de la moyenne d'âge, une plus grande ouverture d'esprit et une plus forte curiosité politique. Les nouvelles générations n'ont pas d'autre choix que de se faire un avis face au monde qui les entoure : crise écologique, crises sociales, montée de l'extrême droite et du populisme, montée du racisme, creusement de l'écart entre les plus riches et les plus pauvres, elles ont compris que nous n'étions pas « au-dessus de ça » (comme a pu me le dire un jour une personne de la direction en parlant de politique). Nous sommes au contraire « en plein dedans », et le seul moyen qui nous reste pour ne pas courber l'échine est d'en être nous-mêmes les acteurs.

Le deuxième facteur, c'est le silence de la direction de l'Opéra de Paris et des tutelles. Lors des nombreuses réunions préalables à la réforme entre les différentes instances syndicales et représentatives du Ballet, les problématiques relatives à la spécificité de notre métier, et donc de notre régime, ont bien été notifiées. Tout le monde faisait d'ailleurs preuve d'une grande bienveillance à notre égard. Pour autant, rien n'a été proposé pour pallier les carences évidentes que cette réforme à la vertu universaliste causerait à notre condition. De surcroît, ni Stéphane Lissner (directeur général), ni Jean-Philippe Thiellay (directeur adjoint), ni aucun autre membre de la direction ne nous ont témoigné la moindre forme de soutien ni même d'empathie. Silence radio. Ils s'attendaient peut-être à ce que nous baissions docilement la tête.

Raté.

Le Ballet a résisté et maintenu sa position, fermement. Non seulement nous nous sommes opposés à cette réforme dans son sens le plus large, avec solidarité pour le reste de la population touchée, mais, surtout, nous avons attendu des réponses concrètes qui ne sont toujours pas arrivées.

Si des propositions avaient été formulées, même inintéressantes, mais sur lesquelles nous aurions pu négocier, nous n'aurions pas mené une grève continue. Le silence qu'on nous a opposé a montré le peu d'intérêt que nous accordait la direction générale de l'Opéra de Paris de l'époque, aussi bien que le gouvernement.

Cette image des cygnes sur le parvis est devenue l'un des plus forts symboles de la grève contre la réforme des retraites. Ces corps si obéissants et travailleurs, ambassadeurs de l'exception culturelle française, se déployant à l'unisson, dans le froid et le brouhaha de la rue, ont exprimé notre désaccord et notre colère face à un gouvernement qui s'éloignait de plus en plus de tout ce qui avait fait naître cette exception.

La réforme est également un pas de plus qui éloigne la France de ce qui lui permettait de se démarquer en matière culturelle : cette conviction que la culture, comme la santé et l'éducation, fait partie du service public et ne doit pas forcément être rentable.

Or, de plus en plus, l'État se désengage de ses structures culturelles en les laissant se libéraliser, sur le modèle américain, fondé sur l'économie de marché et le mécénat.

Cette « exception », à la fois sociale et culturelle, c'est l'idée que ce secteur ne devrait pas subir les dures lois du capitalisme moderne et de la propriété. Personne ne m'enlèvera la certitude que la culture a vocation à être plus qu'un service public, mais un bien public.

C'est en voyant ces cygnes se déployer librement devant le palais Garnier que les gens ont peut-être renoué avec cette notion : la culture nous appartient, elle s'adresse à nous tous.

Cette émotion porte en elle une force inouïe que l'on peut et que l'on doit exploiter. Tant pour créer du lien social que pour permettre au plus grand nombre de s'approprier la culture et de s'émanciper. Quand on voit l'effet immédiat que cette initiative, pourtant simple et facile à entreprendre, a eu sur les consciences, je ne peux m'empêcher de penser à toutes les actions plus ou moins folles que l'on pourrait mettre en œuvre en sortant de notre écrin d'or et de velours pourpre. Et je ne parle pas là de nos tournées à l'étranger, qui font rayonner le ballet de l'Opéra de Paris dans les grands théâtres du monde. Je pense à nos scènes nationales, et à tous les espaces dont nous pourrions nous saisir pour démocratiser vraiment l'art et la danse. Réduire le prix des places est une bonne chose, mais ce n'est pas suffisant. Il ne suffit pas d'attirer le public pour qu'il entre dans les théâtres. Il faut sortir de l'Opéra pour aller à sa rencontre.

Stéphane Lissner a lancé le programme « avant-première jeunes » pour ouvrir nos répétitions générales aux moins de vingt-huit ans au prix de dix euros. Cette initiative a eu un grand retentissement positif, j'y adhère en partie, mais, dans les faits, il s'agit d'un moyen plus ou moins subtil d'assurer à l'Opéra de Paris la fidélisation d'un nouveau public. M'étant retrouvé plusieurs fois dans la salle lors de ces « avant-premières jeunes », j'ai remarqué autour de moi une majorité de petits minois d'étudiants de grandes écoles parisiennes : quelques-uns découvraient avec des étoiles dans les yeux ce lieu, mais la plupart connaissaient déjà la culture du ballet et de l'Opéra et se montraient ravis de cette opportunité qui leur était donnée d'en profiter davantage et à moindre coût. On est loin d'une vision paritaire de la jeunesse française d'aujourd'hui.

Car l'intérêt existe partout. Le tournage du film *Les Bosquets*, réalisé par le photographe JR et auquel j'ai eu la chance de participer en 2015, le prouve. Au pied des barres d'immeubles de Montfermeil, nous étions une cinquantaine de danseuses et de danseurs de l'Opéra de Paris, en académiques noir et blanc à pois, pointes aux pieds pour les filles, demi-pointes pour les garçons. Durant deux nuits de tournage, nous avons été entourés par des centaines de regards emplis d'émerveillement et de larmes. Nous avons été couverts de mots et d'attentions, bienveillantes et touchantes. Les spectateurs prenaient place autour de nous ou nous regardaient depuis les fenêtres de leurs habitations, recréant ainsi l'architecture d'une nouvelle forme de théâtre…

Sortons de nos théâtres. Sortons dans la rue. Donnons-nous en spectacle partout et pour tout le monde. Le théâtre, la danse, la musique, l'art lyrique et toutes les formes du spectacle vivant ne se résument pas à leur lieu de représentation. Je ne suis pas une pierre sagement polie dans mon illustre édifice, je fais partie de son âme, comme tous les artistes et travailleurs qui le traversent, qui l'ont traversé et qui le traverseront. Le public aussi en fait partie : celui qui entre, celui qui sort, celui qui n'ose pas, mais rêve d'y pénétrer, et même celui qui ignore encore son existence.

L'art ne résout pas tous les maux, mais il les rend certainement moins douloureux. Tout comme la danse, que je continuerai chaque jour à explorer pour mon plus grand plaisir, et j'espère pour celui du public.

Épilogue

Il faut résister. Résister contre la peur, contre la bêtise naissant souvent d'ailleurs de la peur. Il faut s'empêcher de fondre, de se fondre dans le moule, garder ses anfractuosités pour protéger ce que l'on est. Ne pas se laisser avaler par l'hypnose collective qui accouche du désir artificiel de tous se ressembler, de ressembler à tout le monde. Se dresser contre les chimères conservatrices qui ravagent nos fantasmes et nos singularités pour nous jeter en pâture dans la solitude, dans l'illusion du libre arbitre, du pouvoir et de la réussite.

Finalement, danser est déjà le fruit d'une résistance contre le corps qui marche, mange, consomme et consume. C'est une résistance contre le productivisme et la pensée unique. Danser libère le corps de sa condition animale, humaine, sociale. Un corps qui danse est libre et a déjà gagné contre ce qui lui est imposé. Peu importe la forme qu'il emploie, il est beau. Spécialement lorsqu'il s'affranchit de la technique, de l'esthétisme. Depuis le film de Wim Wenders, tout le monde reprend la phrase de Pina Bausch : « Dansez, dansez ! Sinon nous sommes perdus. » Avons-nous vraiment saisi le sens de ces mots ?

Nous sommes perdus si nous baissons les bras. Si nous courbons l'échine pour aller dans le sens de la marche sans se faire remarquer. Pour se baisser de plus en plus, jusqu'à s'écrouler et disparaître.

Danser, c'est aller à contre-courant. C'est accepter de se faire violence pour se faire du bien. C'est aussi baiser. Prendre conscience du rapport sexuel de notre corps au monde, à l'espace, aux autres. De la friction qui se crée lorsque l'on se frotte à l'autre, aux odeurs, aux sensations, les siennes et celles des autres. C'est bander sans complexe, en être fier, de la manière la plus pure et la plus saine qui soit. D'une érec-

tion imaginaire, universelle, aussi masculine que féminine. S'arracher du néant, braver les astres noirs, se soustraire aux forces réactionnaires et à l'autoritarisme. Faire jaillir les énergies vitales et ancestrales qui font que nous nous aimons, que nous nous détestons, nous embrassons, nous déchirons. Laissons vivre nos passions. Laissons-nous vivre tout simplement.

REMERCIEMENTS

Je remercie Damien, mon éditeur, qui m'a aidé à réaliser un rêve de gosse : l'écriture d'un livre. Sans oublier Maud, Sophie, ainsi que toute l'équipe éditoriale chez Fayard pour leur aide et leur bienveillance.

Comment ne pas remercier l'Opéra de Paris qui m'a offert une scène, une carrière et une voix, ainsi que toutes les personnes, artistes, professeur.e.s, directeur.rice.s, salarié.e.s, qui ont jalonné mon parcours et m'ont aidé à me construire, autant humainement que professionnellement. Je pense particulièrement à celui qui a eu le courage de me mettre le pied à l'étrier, Benjamin Millepied, puis celle qui m'a mis en orbite et qui veille à ma trajectoire, Aurélie Dupont. Je les remercie tous deux pour leur passion et leur confiance. Je pense aussi à tous les danseurs et les danseuses de la compagnie, présents, passés et futurs que j'admire plus que tout.

Je remercie également mes amis qui m'ont inspiré, encouragé, et qui ont partagé leurs avis. Je pense à Axel, Letizia, Antoine, Hannah, Hugo, Yvon, Daniel, Muss, Léonore, Ludmila, Déborah, Xavier, Tristan, Hélène, mon autre Hugo, Loriane, Raphaël, Elsa, Léa, Emma, Sarah, Adélaïde, Pascal et Emmanuelle.

Je pense aussi à ma famille de Bourgogne, de Franche-Comté et de Paris : Jacques et Pascale, mes parents d'amour ; Marius, Claire, Louis, Loucas et Gala, mes frères et sœurs de sang ou d'adoption ; Béa et Lolo, mes parents de Paris ; ainsi que toute la merveilleuse constellation Louvet et Chofflet.

Enfin il y a Pablo, qui me comprend mieux que moi-même.

Table des matières

Cet ouvrage a été imprimé en France par
CPI Firmin-Didot
16 rue Firmin Didot
27650 Mesnil-sur-l'Estrée (France)

pour le compte des Éditions Fayard
en janvier 2022

Photocomposition Nord Compo à Villeneuve-d'Ascq

PAPIER À BASE DE
FIBRES CERTIFIÉES

Fayard s'engage pour
l'environnement en réduisant
l'empreinte carbone de ses livres.
Celle de cet exemplaire est de :
0,750 kg éq. CO_2
Rendez-vous sur
www.fayard-durable.fr

N° d'édition : 62.8442.7/1 - N° d'impression : 167262